-Muskelaufbau Ernährung-

127 proteinreiche Rezepte optimal für einen effektiven Muskelaufbau.

Bonus: 30 Tage Challenge.

Autor: Dominik Karem

2 Auflage

-Inhaltsverzeichnis-

Einleitung

Ein schlanker, muskulöser Körper ist heute ebenso das Ziel der meisten Menschen, wie körperliche Leitungsfähigkeit und Fitness. Deshalb entscheiden sich auch immer mehr Personen dazu, regelmäßig Sport zu treiben. Doch ist mit körperlicher Ertüchtigung noch nicht genug getan. Die Ernährung spielt eine wichtige Rolle, wenn Du einen gesunden und fitten Körper erzielen möchtest. Mit der richtigen Ernährung kannst Du dem Körper gezielt die Elemente zufügen, die er braucht. So kann man mit dem korrekten Einsatz von Proteinen den Muskelaufbau fördern. Wird Muskelaufbautraining mit einer Ernährung kombiniert, die dem Muskelgewebe die nötigen Nährstoffe zufügen, so ist ein Erfolg sicher.

Ebenso kann eine ausgewogene Ernährung dazu beitragen, den Stoffwechsel anzuregen und bei der Gewichtsabnahme zu helfen. Die perfekte Kombination von guten Kohlenhydraten und Proteinen, Vitaminen und Ballaststoffen kann es ermöglichen, dass der Körper wie eine gut geölte Maschine funktioniert.

Ein gesundes Körpergewicht kann erzielt und auch gehalten werden. Du fühlst Dich generell fitter und bist auch wesentlich leitungsfähiger. Es lohnt sich, die Zeit zu investieren, selbst zu Hause gesunde Mahlzeiten aus frischen Zutaten herzustellen. So ist es möglich, genau zu wissen, was Du dem Körper zufügst und für eine optimale Versorgung mit Vitalstoffen zu sorgen. Mit den folgenden Rezepten kannst Du die Ernährung nicht nur gesund und ausgewogen, sondern auch schmackhaft gestalten.

Kapitel 1: Muskeln und ihr Wachstum verstehen

Wie funktioniert der Muskelaufbau?

Muskelaufbau, auch Hypertrophie genannt, Ist die Zunahme der Muskelmasse, die sowohl aus ästhetischen als auch medizinischen Gründen wünschenswert sein kann. Eine starke Muskulatur bedeutet nicht nur, die Sixpacks aufweisen zu können, die wir heute an gut trainierten Körpern so oft bewundern. Eine starke Muskulatur kann nämlich auch dazu beitragen, Beschwerden zu lindern, wie das beispielsweise bei chronischen Rückenschmerzen der Fall ist. Um zu verstehen, wie das Muskelwachstum funktionieren kann, ist es nötig, zunächst einmal die Zusammensetzung der Muskeln zu verstehen. Nicht alle Muskeln im Körper sind gleich. Es wird zwischen weißem und rotem Muskelgewebe unterschieden.

Das weiße Muskelgewebe befindet sich hauptsächlich in den Beinen und Armen, im Trizeps sowie in der Brust. Diese Muskeln kontrahieren schnell und entwickeln dabei viel Kraft. Daher ermüden sie auch schnell. Sie sind für den Muskelaufbau sehr empfänglich. Das rote Muskelgewebe befindet sich beispielsweise in der Nackenmuskulatur und im Bauch. Es zieht sich wesentlich langsamer zusammen, ermüdet dafür jedoch auch nicht so schnell, sonders erweisen sich als ausdauernd. Die Verteilung von rotem und weißem Muskelgewebe ist in der Regel genetisch bedingt.

Doch kann ständiges Training dazu führen, die schnell ermüdenden weißen Muskeln in ausdauernde rote Muskeln zu verwandeln. Beim Muskelaufbau handelt es sich im Grund um eine Schutzfunktion des Körpers. Wird ein Muskel durch ständige Überanstrengung, wie sie beispielsweise beim Sport erfolgt, so lässt der Körper diesen Muskel wachsen, so dass er der Belastung standhalten kann.

Aus diesem Grund basiert das Prinzip auch auf der Erschöpfung des Muskels. Trainingseinheiten sollten so ausgelegt sein, dass die Muskeln bis an die Leistungsgrenze gefordert werden. Die Pausen zwischen den einzelnen Trainingssätzen sollten nicht zu lang gewählt werden, damit die Muskeln keine Chance haben, sich zu erholen. Auf diese Weise kann das Wachstum der Muskeln gefördert werden.

Wie schnell kann man Muskeln aufbauen?

Wer mit dem Muskelaufbautraining beginnt, möchte meistens so schnell wie möglich Resultate sehen. Wenn es im eigenen Fall nicht so schnell mit dem Muskelwachstum geht, wie man sich das wünscht, sollte man jedoch nicht den Mut verlieren. Die Geschwindigkeit des Muskelwachstums ist von Person zu Person verschieden.

Man unterscheidet dabei Hardgainer, Normalgainer und Softgainer. Wie schnell die Muskeln wachsen können ist von verschiedenen Faktoren abhängig, bei denen Alter, Hormone und genetische Veranlagung ebenfalls eine Rolle spielen. Abgesehen von diesen Faktoren hängt es natürlich vom eigenen Einsatz ab, wie schnell die Muskeln wachsen können. Um die Muskeln gut aufbauen zu können, gehören im Wesentlichen drei Faktoren:

- Kalorienüberschuss
- Die richtige Ernährung
- Ein perfekter Trainingsplan

Diese drei Punkte sollten von jedem beachtet werden, der seine Muskeln entwickeln möchte. Darum ist es auch so wichtig, sich bevor dem Trainingsbeginn ausführlich mit dem Thema zu befassen.

So kann man mit einem guten Plan für die Mahlzeiten und den richtigen Übungen, viel dazu beitragen, schneller zum Erfolg zu gelangen.

Wie schnell wachsen die Muskeln?

Experten gehen davon aus, dass im ersten Trainingsjahr unter optimalen Umständen möglich ist, pro Monat 1 kg Muskelmasse zuzulegen. Auf das Jahr gerechnet sind das immerhin zwischen 10 und 13 kg fester Muskeln, die bei deinem Aussehen schon einen wesentlichen Unterschied machen. Mit der Zeit reduziert sich jedoch die Muskelmasse, die monatlich aufgebaut werden kann. So geht man beispielsweise davon aus, dass im zweiten Trainingsjahr nur noch die Hälfte der Muskelmasse gewonnen wird, die du im ersten Jahr erzielen konntest.

Natürlich sind das nur Durchschnittswerte. Der tatsächliche Aufbau kann von Person zu Person verschieden sein und es ist sogar möglich, dass du im ersten Monat noch kaum Veränderung bemerkst. Kontinuität führt schließlich jedoch bei jedem zum Erfolg, der gezieltes Training mit der richtigen Ernährung kombiniert In manchen Fällen kann der Aufbau jedoch auch noch schneller vorangehen.

Das geschieht beispielsweise, wenn man bereits einmal Muskelmasse aufgebaut hatte, diese jedoch in einer längeren Zeit von Inaktivität wieder verloren hat. Beginnt man dann wieder mit einer neuen aktiven Trainingsphase, können bis zu 5 kg Muskelmasse im Monat aufgebaut werden.

So wirken Ernährung und Training in den Muskeln

Zum Wachsen brauchen die Muskeln die Elemente Training und richtige Ernährung. Beide Komponenten ergänzen sich, damit sich die einzelnen Muskelstränge verdicken können. Das Muskelwachstum wird ausgelöst, wenn diese über das normale Niveau hinaus belastet werden. Sobald dieser Reiz ausgelöst ist, beginnt der Körper nun mit einer verstärkten Proteinsynthese, um damit eine Verstärkung der Muskelfasern zu ermöglichen. In der Wissenschaft werden zwei metabolische Wege unterschieden, die zum Muskelwachstum führen können: Der metabolische Weg und der mechanische Weg. Experten gehen davon aus, dass der mechanische Weg wesentlich stärker zum Muskelwachstum beiträgt als der metabolische.

Dabei kommt es zu Mikrotraumata, also feinsten Schäden an den Muskeln, die durch die Überbelastung entstehen. Im Körper befinden sich in der Nähe der Muskeln Stammzellen, die keine spezifische Funktion haben. Kommt es nun zu feinen Rissen in den Muskeln, so werden diese Satellitenzellen aktiviert und fusionieren mit den Muskelzellen, um den Schaden zu reparieren. Dabei wird der Zellkern von den Muskelzellen aufgenommen, so dass viele Muskelzellen mehr als einen Zellkern haben.

Auch der metabolische Wirkungsmechanismus stellt einen Wachstumsanreiz dar, doch ist dieser deutlich geringer. Zu den metabolischen Reizen gehören beispielsweise ein Sauerstoffdefizit oder auch das Entstehen von hypoxischen Nebenprodukten wie Laktat. Man geht heute davon aus, dass der metabolische Anreiz hauptsächlich zu einer Steigerung der oxidativen Funktion führt, die Muskeln also ausdauerfähiger macht.

Kapitel 2: Training zum Muskelaufbau - Das sollte beachtet werden

Krafttraining oder Ausdauertraining

Wer sich entschieden hat, endlich Sport zu treiben und hofft, eine bessere Muskulatur zu erzielen, ist natürlich zunächst einmal vor die Frage gestellt, welche Art von Sport er betreiben möchte. Natürlich ist Kraftsport die beste Lösung, wenn man an ernsthaften Muskelaufbau denkt.

Jedoch kann Ausdauersport dabei helfen, zunächst einmal die Kondition zu verbessern, bevor man sich im Fitness Studio zum Krafttraining anmeldet. Darüber hinaus verbessert Ausdauertraining, wie zum Beispiel Laufen, die Blutzirkulation, so dass die Nährstoffe bessern zu den Muskeln transportiert werden können. Viele Kraftsportler sind der Auffassung, dass Ausdauersport die Muskelmasse verringert. Das ist jedoch eine Fehlannahme.

Training, egal welcher Art, führt niemals zum Verlust von Muskelmasse. Was jedoch dazu führt, ist eine Unterversorgung mit Proteinen. Betreibt man Ausdauersport, so verbraucht man dabei viel Energie. Diese Energie muss durch eine proteinhaltige Nahrung dem Körper wieder zugefügt werden. Geschieht das, so ist das Ausdauertraining durchaus zuträglich zum Muskelaufbau. Viele Sportler wählen daher eine Kombination aus Ausdauertraining und Krafttraining.

Die besten Tipps zum Muskelaufbau

Wenn du erfolgreich Muskeln aufbauen möchtest, so ist es wichtig, daran zu denken, dass die Muskeln in den Ruhephasen wachsen. Deshalb kann beim Training weniger durchaus mehr sein. Nach einem intensiven Training solltest du den Muskeln eine Ruhepause von 48 Stunden gönnen, bevor du sie wieder trainierst. Wer mehr als drei Mal in der Woche trainieren möchte, sollte daher seine Trainingseinheiten splitten, so dass die Muskelgruppen, die beim Training belastet werden, gewechselt werden. Es lohnt sich, einmal die unterschiedlichen Trainingsmethoden kennenzulernen. Zu den Methoden, die am häufigsten angewendet werden, gehören unter anderem HIT, Negativwiederholungen, Superkompensation, Volumentraining und Kapillartraining. Es ist wichtig, einen sinnvollen Trainingsplan aufzustellen, der dazu beiträgt, das Ziel so schnell wie möglich zu erreichen.

Darüber hinaus soll das Training natürlich auch Freude machen. Daher sollte man die Methode wählen, die einem persönlich am meisten zusagt. So fällt es leichter, ein regelmäßiges Workout auch langfristig durchzuhalten. Ebenso wichtig ist es, die richtige Zeit für das Workout zu finden, besonders, wenn es in einen vollen Tagesplan eingefügt werden muss. Es kann sein, dass du am Abend nach Schule oder Arbeit nicht mehr voll leistungsfähig bist. So fällt das Training schwerer und ist auch weniger effektiv. Deshalb kann es vorteilhaft sein, die Trainingseinheiten auf die frühen Morgenstunden zu verlegen. Du solltest nie versäumen, dich vor dem Training aufzuwärmen. Dazu reichen bereits fünf Minuten lockerer Übungen zum Aufwärmen. So bereitest du deinen Körper perfekt auf das Workout vor und kannst Verletzungen vermeiden. Ebenso wichtig ist auch ein entsprechendes Cooldown am Ende deiner Routine. Motivation ist immer ein wichtiger Bestandteil, wenn es darum geht, den Körper durch den Aufbau von Muskelmasse wirklich zu verändern.

Es erfordert viel Disziplin, ein regelmäßiges Training durchzuhalten.
Darum ist es wichtig, sich kleinere Ziele zu setzen, die man auch in absehbarer Zeit erreichen kann. Solche kleinen Erfolge motivieren dazu, weiterzumachen. Fotos, die den Fortschritt dokumentieren, können dabei ebenfalls eine große Hilfe sein. So kann man oft am leichtesten feststellen, welche Wirkung das Training tatsächlich hat. Es ist wichtig, dass man bei Muskelaufbau auf ein Ganzkörpertraining Wert legt.
Oft werden gerade bei Anfängern Muskelgruppen wie beispielsweise die Beine oder auch die Rückenmuskulatur beim Training vernachlässigt. Das kann zu einem Ungleichgewicht und auch zu einer fehlenden Stabilität des Rumpfes führen. Um einen guten Fortschritt zu erzielen, sollte man daher alle Muskelgruppen in die Workout Routine einschließen.

Trainingsplan aufstellen

Wer ein effektives Muskelwachstum garantieren will, muss beim Training genau den richtigen Umfang der Beanspruchung der Muskeln finden. Bei einem zu geringen Reiz kann es nicht zu einem Wachstum kommen. Ist der Reiz jedoch zu hoch, so stellt sich eine Überbelastung ein, die zu einer Stagnation der Leistung führt. Deshalb ist es auch wichtig, einen professionellen Trainingsplan aufzustellen. Bei einem solchen Plan müssen fünf verschiedene Aspekte beachtet werden:

- Intensität
- Wiederholungen
- Tempo
- Pausen
- Häufigkeit

Bei der Intensität des Trainings wird empfohlen, zwischen 60 und 80 Prozent der Muskelkraft einzusetzen. Außerdem ist es wichtig, zunächst auf eine saubere Technik zu achten. Daher sollte man zunächst die Ausübung jeder Übung perfektionieren, bevor man die Intensität steigert. Die Wiederholungen sind ebenfalls wichtig. Jede Übung sollte aus drei bis 5 Sätzen mit jeweils sechs bis zwölf Wiederholungen strukturiert werden. In jedem Satz sollten die Muskeln bis zur Ermüdung trainiert werden.

Beim Tempo hat sich erwiesen, dass die konzentrische Phase, wenn der Muskel angespannt wird, nur etwa ein bis zwei Sekunden betragen sollte. Die exzentrische Phase, in der das Gewicht abgelassen wird, sollte hingegen über drei bis vier Sekunden andauern. Nach jedem Satz solltest du eine Pause von ein bis zwei Minuten einlegen.

Diese Pause nutzen die Muskeln, um ihre Energiespeicher neu aufzufüllen und Stoffwechselprodukte abzuführen. Die meisten Experten empfehlen, eine Häufigkeit von zwei bis drei Trainingseinheiten pro Woche einzuhalten. So kann man optimal vom Muskelwachstum in der Regenerationsphase profitieren. Dabei muss beachtet werden, dass Anfänger eine längere Regenerationsphase benötigen, die drei bis vier Tage dauern kann. Mit gesteigerter Leistungsfähigkeit kann die Regenerationsphase verkürzt werden.

Kapitel 3: Die richtige Ernährung zum Muskelaufbau

Mit gutem Training alleine ist es nicht möglich, Muskelmasse aufzubauen. Auch die Ernährung muss angepasst werden. Dazu gehört es nicht nur, einen Kalorienüberschuss zu erzielen, sondern auch darauf zu achten, dass man solche Nahrungsmittel zu sich nimmt, die den Muskelaufbau begünstigen. Dazu gehören hauptsächlich die Proteine, aber auch Fette und Kohlenhydrate müssen im ausreichenden Maß in der Ernährung enthalten sein. Es ist wichtig, eine optimale Energiebilanz zu erstellen und den Ernährungsplan entsprechend auszurichten.

So kannst du deinen Muskeln die nötige Energie und Nahrung bereitstellen, die sie brauchen, um zu wachsen. Wird kein entsprechender Kalorienüberschuss hervorgerufen, oder sind die Makronährstoffe nicht richtig verteilt, so verlangsamt sich nicht nur das Wachstum der Muskeln. Es kann bei starkem Training auch zu einer höheren Ausschüttung des Stresshormons Cortisol führen, dass die Synthese von Protein erschwert und unter Umständen sogar zum Abbau von Muskelmasse beitragen kann. Die richtige Ernährung ist also mindestens ebenso wichtig, wie ein durchdachtes Training.

Energiebilanz ermitteln

Der erste Schritt zum Aufstellen eines geeigneten Ernährungsplans ist die Ermittlung der Energiebilanz. Dazu berechnet man zunächst den Gesamtumsatz, der sich aus dem Grundumsatz und dem Leistungsumsatz zusammensetzt. Unter Grundumsatz versteht man den Energieverbrauch, den man braucht, um die Grundfunktionen des Körpers im Ruhestand aufrecht zu erhalten. Der Leistungsumsatz ist der Energiebedarf, den du für deine täglichen Aktivitäten benötigst. Im Internet kannst du leicht Rechner finden, die dir dabei helfen, deinen Gesamtumsatz zu berechnen.

Dabei muss natürlich auch der Kalorienumsatz für den Sport und Training eingerechnet werden. Daraus ergibt sich die Kalorienzahl, die am Tag tatsächlich verbraucht wird. Zum Muskelaufbau gilt es, einen Kalorienüberschuss herbeizuführen. Das heißt, die Menge der Kalorien, die du während des Tages zu dir nimmst, muss größer sein als der errechnete Umsatz. Dazu reicht bereits ein Überschuss von 200 oder 300 Kalorien.

Welche Makronährstoffverteilung sollte man beachten?

Unter den Makronährstoffen versteht man Kohlenhydrate, Fett und Proteine. Denkt man an Muskelaufbau, so kommen meistens zunächst die Proteine in den Sinn. Jedoch ist für ein gesundes Muskelwachstum auch Fette und Kohlenhydrate von großer Wichtigkeit. Die Proteine stellen wichtige Aminosäuren dar, die für den gesamten Körper notwendig sind. Bei einer normalen Ernährung wird heute empfohlen, täglich etwa 0,8 Gramm Protein pro Kilogramm Körpergewicht zu sich zu nehmen.

Bei einem hohen Trainingspensum solltest du die Eiweißaufnahme jedoch auf 1,8 bis 2,5 Gramm pro Kilogramm Körpergewicht erhöhen. Es ist empfehlenswert, dabei tierisches sowie pflanzliches Eiweiß aufzunehmen und darauf zu achten, dass die Kalorien aus Eiweiß etwa 20 % des täglichen Bedarfs ausmachen. Kohlenhydrate sind jedoch ebenfalls ein wichtiger Baustein, wenn es darum geht, Muskelmasse aufzubauen. Nimmt man nämlich zu wenig Kohlenhydrate zu sich, so beginnt der Körper, eingespeicherte Proteine zur Deckung des Energiebedarfs zu nutzen. So kann es dazu kommen, dass Muskelmasse ab- statt aufgebaut wird.

Darüber hinaus kommt beim Verzehr von Kohlenhydraten durch die vermehrte Ausschüttung von Insulin eine anabole Wirkung zustande, die einen Wachstumsreiz für die Muskeln darstellt. Du solltest jedoch auf hochwertige Formen von Kohlenhydraten achten. Obst und Gemüse sind empfehlenswert, besonders weil sie auch viele Vitamine enthalten. Aber auch Haferflocken, Reis, Kichererbsen, Linsen oder Kartoffeln sind gesund und begünstigen den Muskelaufbau.

Fett ist ebenfalls nötig zum Muskelwachstum. Jedoch wird der Fettbedarf meistens schon durch die protein- und kohlenhydrathaltigen Speisen gedeckt. Bei Fett ist es stets wichtig, auf die Qualität zu achten. Mehrfach ungesättigte Fettsäuren wie Omega-3 und Omega-6. Sind empfehlenswert. Transfette, wie sie sich in süßen Backwaren und Snacks wie Chips befinden, sollten jedoch vermieden werden. Omega-3 kann nicht nur das Muskelwachstum fördern, sondern auch die Regeneration der Muskeln begünstigen.

Vitamine und Mineralstoffe, die für den Muskelaufbau nötig sind

Bei einer Ernährung zum Muskelaufbau sind Vitamine und Mineralstoffe außerordentlich wichtig und sollten keinesfalls vergessen werden. Antioxidantien wie die Vitamine A, C und E sind wichtig zur Regeneration von Bändern und Sehnen, die beim Training stark beansprucht werden. Gemüse und Obst können diese Vitamine liefern. Vitamin B6 hingegen trägt zur Umwandlung Eiweißstoffen zu Proteinen bei und begünstigt deren Einlagerung in die Muskeln. Das Vitamin ist unter anderem in Leber, Hähnchen und Vollkornprodukten zu finden.

Eisen ist wichtig, da es als Bestandteil des Bluts zur Sauerstoffversorgung der Muskeln beiträgt. Es ist in Lebensmittel wie Kürbiskernen, Möhren, Leinsamen und Weizenkleie enthalten. Magnesium ist wichtig für den Eiweißstoffwechsel, da es ein Steuermechanismus für Nerven- und Muskelzellen ist. Hülsenfrüchte, Bananen und Kartoffeln gehören zu den Lebensmitteln, die dieses Mineral enthalten. Kalzium hingegen reguliert die Muskelkonzentration und kann Muskelkrämpfen vorbeugen. Man findet es in Milchprodukten, Mandeln, Haselnüssen und Grünkohl. Zink kann für einen guten Energiestoffwechsel währen der Trainingseinheiten und ist hauptsächlich in Fleisch, Eiern und Käse enthalten.

Tipps zu Mahlzeiten beim Muskelaufbautraining

Wie man die Mahlzeiten verteilt, ist von Person zu Person verschieden. Viele Sportler essen nicht gerne vor dem Training, weil sie sich mit einem gefüllten Bauch unwohl fühlen. Andere hingegen ziehen es vor, einige Zeit vor dem Training eine Mahlzeit zu sich zu nehmen, weil sie sich sonst kraftlos fühlen. Deshalb sollte man ausprobieren, wie es im eigenen Fall am besten ist. Zwei bis drei Stunden nach dem Training besteht eine anabole Phase, während der du Mahlzeiten zu dir nehmen solltest, um den Muskeln die zum Aufbau nötige Nahrung zuzufügen. Diese Mahlzeiten sollten aus einer Mischung von Kohlenhydraten und Proteinen bestehen. Auch Trinken ist zum Muskelaufbau sehr wichtig und erhöht die Vitalität.

Ausreichende Mengen von Flüssigkeit sorgen dafür, dass eine gute Nährstoffversorgung erfolgen kann und ist daher in der Regenerationsphase von ausschlaggebender Wichtigkeit. Es empfiehlt sich, Wasser oder ungesüßten Tee zu trinken, um eine Kalorienaufnahme durch Zucker zu vermeiden. Die Empfehlungen über die richtige Menge, die man täglich trinken sollte, sind sehr unterschiedlich. Es gibt jedoch eine einfache Formel, um die genaue Menge zu berechnen:

Die Flüssigkeitszufuhr sollte vier Prozent des Körpergewichts betragen. Schwitzt man beim Training stark, so kann dieser Menge noch 0,5 oder 1 Liter hinzugefügt werden. Mit ein wenig Übung ist es leicht, die Empfehlungen für eine richtige Ernährung beim Muskelaufbau zu beachten und nicht nur gesund, sondern auch schmackhaft zu essen. Ein Rezeptbuch kann dabei helfen, Ideen zu finden, wie die richtigen Nahrungsmittel in leckere Mahlzeiten verwandeln, die eine perfekte Kombination zum Muskelaufbau darstellen.

Frühstück

Power Müsli mit Nüssen

Zubereitung für: 1 Person | **Zubereitungszeit:** ca. 10 Minuten

Nährwerte p.P: 629 kcal **|** **Fett:** 28g | **Protein:** 28g | **Kohlenhydrate:** 60g

Zutaten:

- 75g Haferflocken
- 15g Haselnüsse
- 10g Cashewkerne
- 10g Mandeln
- 300ml Milch

Zubereitung:

1. Haferflocken mit Nüssen und Mandeln mischen.
2. Mit Milch übergießen.

Gefülltes Gourmet Omelett

Zubereitung für: 1 Person | **Zubereitungszeit:** ca. 25 Minuten

Nährwerte p.P: 581 kcal | **Fett:** 48g | **Protein:** 29g | **Kohlenhydrate:** 10g

Zutaten:

- 3 Eier
- 50g Feta
- ½ Avocado
- 50 g Champignons
- 1 Knoblauchzehe
- 2 Esslöffel Öl
- 1 Esslöffel frisch gehackte Petersilie
- Etwas Salz und Pfeffer

Zubereitung:

1. Avocado schälen und Pilze putzen. Avocado und Feta würfeln, Pilze in Scheiben schneiden.
2. Knoblauch schälen und fein hacken. Petersiele waschen und hacken.
3. Pilze mit Knoblauch in Öl kurz anbraten.
4. Eier verquirlen, mit Salz und Pfeffer würzen.
5. Die Omelette in heißem Öl backen.
6. Omelette mit Pilzmasse, Avocados und Feta füllen und zusammenklappen.

Super-Protein Frühstückswaffeln

Zubereitung für: 2 Personen (4 – 6 Waffeln) | **Zubereitungszeit:** ca. 40 Minuten

Nährwerte pro Waffel: 595 kcal | **Fett:** 40g | **Protein:** 45g | **Kohlenhydrate:** 10g

Zutaten:

- 500g Magerquark
- 50g Proteinpulver Vanille
- 4 Eier
- 300g gemahlene Mandeln
- 100ml Milch
- ½ Päckchen Backpulver
- 1 Schuss Mineralwasser

Zubereitung:

1. Gemahlene Mandeln, Proteinpulver und Backpulver vermischen. Mich zufügen und gut verrühren.
2. Magerquark unterheben.
3. Mineralwasser zufügen.
4. Im Waffeleisen goldgelb backen.

Low Carb Bananenbrot

Zubereitung für: 3 Personen (1 Brot) | **Zubereitungszeit:** ca. 1 Stunde

Nährwerte p.P: 462 kcal | **Fett:** 28g | **Protein:** 23g | **Kohlenhydrate:** 28g

Zutaten:

- 3 Eier
- 2 reife Bananen
- 50g Mandelmehl
- 20g Kakao
- 50g Haferkleie
- 30g Reisprotein
- 50g Erdnüsse
- 30g Erdnussbutter
- 120g Erythrit
- 1 Päckchen Backpulver
- 100ml Wasser

Zubereitung:

1. Die Bananen in einer Rührschüssel zerdrücken. Eier und Erythrit zugeben und mit einem Handrührgerät verrühren.
2. Nach und nach die trockenen Zutaten zufügen und dabei ständig mit dem Rührgerät rühren.
3. Wasser allmählich unter die Masse rühren.
4. Konsistenz prüfen. Ist die Masse zu fest, sollte noch ein wenig Wasser hinzugefügt werden.
5. Eine Kastenform mit Backpapier auslegen. Teigmasse in die Kastenform füllen.
6. Backofen auf 180C vorheizen. Bananenbrot im vorgeheizten Ofen für etwa 40 Minuten backen

Früchtequark

Zubereitung für: 1 Person | **Zubereitungszeit:** ca. 15 Minuten

Nährwerte p.P: 323 kcal | **Fett:** 1g | **Protein:** 33g | **Kohlenhydrate:** 46g

Zutaten:

- 250g Magerquark
- 1 Banane
- 80g Erdbeeren
- 80g Aprikosen
- 1 Schuss Mineralwasser
- 1 Prise Zimt

Zubereitung:

1. Banane schälen und Früchte waschen, kleinschneiden und in eine Schüssel geben.
2. Magerquark unterheben. Mineralwasser für eine cremige Konsistenz zugeben.
3. Mit einer Prise Zimt abschmecken.

Anmerkung: Die Früchte können auch mit anderen Sorten, je nach Saison und Geschmack, ausgetauscht werden.

Zucchini Pfannkuchen

Zubereitung für: 2 Personen (4 Stück) | **Zubereitungszeit:** ca. 40 Minuten

Nährwerte pro Pfannkuchen: 320 kcal | **Fett:** 18g | **Protein:** 24g | **Kohlenhydrate:** 14g

Zutaten:

- 300 g Zucchini
- 150 g Pancake Mischung
- 2 St. Frühlingszwiebeln
- 50 g Parmesankäse
- 2 St. Knoblauchzehen
- 6 Blätter Basilikum

Zubereitung:

1. Zucchinis reiben, trockentupfen, mit Salz bestreuen und etwa 30 Minuten stehen lassen.
2. Frühlingszwiebeln und Knoblauch fein hacken und mit dem Parmesankäse und der Pancake Mischung, Eiern, Salz und Pfeffer vermischen.
3. Die Zucchinis hinzugeben und zu einer homogenen Masse verarbeiten.
4. Öl in einer Pfanne erhitzen. Masse in vier Portionen teilen und vier Pfannkuchen von jeder Seite backen, bis sie goldbraun sind.

Gehaltvolle Rühreier

Zubereitung für: 1 Person | **Zubereitungszeit:** ca. 20 Minuten

Nährwerte p.P: 516 kcal | **Fett:** 26g | **Protein:** 33g | **Kohlenhydrate:** 28g

Zutaten:

- ½ Aubergine
- 8 EL Haferflocken
- 1 grüne Paprika
- 1 Zwiebel
- 2 EL Olivenöl
- 120 ml warmes Wasser
- 8 Eiklar
- 2 Eigelb
- 1 EL Parmesan
- Salz, Pfeffer, Kreuzkümmel

Zubereitung:

1. Haferflocken mit dem warmen Wasser übergießen und eine Quellzeit von zirka 5 Minuten erlauben.
2. Aubergine waschen, putzen und eine Hälfte in Würfel schneiden.
3. Paprika waschen und entkernen, Zwiebel schälen. Paprika und Zwiebel hacken.
4. In einer Pfanne das Olivenöl erwärmen und das Gemüse darin für etwa 3 Minuten anschwitzen. Gemüse nach Geschmack würzen.
5. Eier aufschlagen und trennen. Die 2 Eigelb und 8 Eiklar mit den Haferflocken und dem Parmesan mischen und zu einer homogenen Masse verrühren.
6. Die Masse zu dem Gemüse in die Pfanne geben und bei hoher Hitze 3 Minuten stocken. Dabei wird ständig umgerührt.
7. Rühreier auf einem Teller anrichten.

Kresse Spiegeleier Toast

Zubereitung für: 1 Person | **Zubereitungszeit:** ca. 25 Minuten

Nährwerte p.P: 467 kcal | **Fett:** 23g | **Protein:** 26g | **Kohlenhydrate:** 35g

Zutaten:

- 2 Scheiben Vollkorntoast
- ½ Zwiebel
- 1 Tomate
- 2 Eier
- 2 Scheiben Gouda
- 1 TL Butter
- 1 EL gehackte Kresse
- Salz und Pfeffer

Zubereitung:

1. Zwiebel schälen und würfeln, Tomate waschen und würfeln
2. Butter in einer Pfanne auslassen und Zwiebel- und Tomatenwürfel kurz anschwitzen. Eier darin aufschlagen und braten.
3. Jedes Ei auf einer Scheibe Toast anrichten, mit Salz und Pfeffer würzen.
4. Über jedes Ei eine Scheibe Gouda legen und mit der gehackten Kresse bestreuen.

Lachstoast mit Avocado und Hüttenkäse

Zubereitung für: 1 Person | **Zubereitungszeit:** ca. 30 Minuten

Nährwerte p.P: 283 kcal | **Fett:** 11g | **Protein:** 23g | **Kohlenhydrate:** 20g

Zutaten:

- 1 Vollkornbrötchen
- 2 Scheiben Räucherlachs
- 80 Gramm Frischkäse
- ½ Avocado
- Dill, Schnittlauch und Pfeffer

Zubereitung:

1. Vollkornbrötchen aufschneiden und die Innenseite leicht toasten.
2. Beide Brötchenhälften dick mit Hüttenkäse bestreichen.
3. Avocado schälen, entkernen und eine Hälfte in Scheiben schneiden.
4. Avocados auf die mit Hüttenkäse geschmierten Brötchenhälften legen. Lachs auf die Avocado Scheiben legen.
5. Dill und Schnittlauch waschen, Putzen und kleinschneiden und die Brötchenhälften damit bestreuen. Mit Pfeffer aus der Mühle nach Belieben würzen.

Herzhaftes Bauernfrühstück

Zubereitung für: 1 Person | **Zubereitungszeit:** ca. 40 Minuten

Nährwerte p.P: 546 kcal | **Fett:** 18g | **Protein:** 43g | **Kohlenhydrate:** 50g

Zutaten:

- 200 g Süßkartoffeln
- ½ EL Kokosöl
- ½ rote Zwiebel
- 100g Kichererbsen aus der Dose
- 150g Puten Wurst
- 2 Eier
- 5 eingelegte Jalapenos
- Salz und Pfeffer

Zubereitung:

1. Süßkartoffeln waschen, schälen und in Würfel schneiden. Würfeln mit Salzwasser bedeckt zum Kochen bringen. Sobald das Wasser kocht, werden die Süßkartoffeln abgegossen und kurz abgekühlt.
2. Kokosöl in einer Pfanne erhitzen. Zwiebeln und Puten Wurst hinzufügen und für drei bis vier Minuten braten.
3. Süßkartoffeln, Kichererbsen, Jalapeños zugeben und mit Salz und Pfeffer würzen.
4. Die Zutaten mit einer Gabel pürieren und für etwa 8 bis 10 Minuten braten, bis der Boden knusprig und goldgelb ist.
5. Mit der Gabel vier kleine Mulden in die Masse eindrücken.
6. Die Eier einzeln in einer Tasse aufschlagen und in die Mulden gleiten lassen. Eier einige Minuten stocken lassen, bis sie die gewünschte Festigkeit erreicht haben.
7. Mit Jalapeños garnieren.

Toast Hawaii

Zubereitung für: 2 Person | **Zubereitungszeit:** ca. 35 Minuten

Nährwerte p.P: 328 kcal | **Fett:** 10g | **Protein:** 22g | **Kohlenhydrate:** 33g

Zutaten:

- 4 Scheiben Vollkorntoast
- 100g Putenschinken
- 4 Scheiben Ananas
- 4 Scheiben Gouda Käse

Zubereitung:

1. Jede Scheibe Toast mit einer Scheibe Schinken belegen. Darauf die Ananas Scheibe geben und schließlich mit je einer Scheibe Käse bedecken.
2. Backofen auf 160C vorheizen und Toastscheiben darin für 10 Minuten backen.

Quinoa Porridge

Zubereitung für: 2 Person | **Zubereitungszeit:** ca. 30 Minuten

Nährwerte p.P: 582 kcal | **Fett:** 11g | **Protein:** 17g | **Kohlenhydrate:** 90g

Zutaten:

- 150 g Quinoa
- 2 EL Kokosmehl
- 2 TL Chia-Samen
- 100 g Haferflocken
- 750 ml Mandelmilch
- 1 Banane
- 6 EL griechischer Joghurt
- 2 EL Goji Beeren
- 2 EL Agavensirup
- 80 g gemischte Beeren
- Etwas Salz

Zubereitung:

1. Quinoa in einen Topf geben und die doppelte Menge Wasser hinzufügen. Mit einer Prise Salz würzen und zum Kochen bringen. Dann für etwa 10 Minuten leicht köcheln lassen.
2. Milch hinzugeben und dann langsam Kokosmehl, Chia Samen und Haferflocken einrühren. So lange köcheln lassen, bis das Porridge dickflüssig zu werden beginnt.
3. Banane schälen und zerdrücken. Unter das Porridge heben.
4. Mit Sirup süßen.
5. Porridge auf vier Schüsseln verteilen. Mit dem Jogurt und den Beeren belegen.

Pudding mit Chia und Haselnüssen

Zubereitung für: 2 Person | **Zubereitungszeit:** ca. 25 Minuten

Nährwerte p.P: 345 kcal | **Fett:** 24g | **Protein:** 19g | **Kohlenhydrate:** 11g

Zutaten:

- 200 g griechischer Jogurt
- 150 g Magerquark
- 2 TL Kokosblütenzucker
- 60 g gemahlene Haselnüsse
- 2 EL Chia-Samen

Zubereitung:

1. Alle Zutaten vermischen und etwa 5 Minuten lang mixen, bis ein cremiger Pudding entsteht.
2. Pudding in zwei Schalen füllen und mit Chia Samen bestreuen.

Bacon Omelette

Zubereitung für: 1 Person | **Zubereitungszeit:** ca. 25 Minuten

Nährwerte p.P: 444 kcal | **Fett:** 31g | **Protein:** 38g | **Kohlenhydrate:** 3g

Zutaten:

- 3 Eier
- 10 ml Wasser
- 20 ml Milch
- ½ Kugel Mozzarella
- ½ Zwiebel
- 3 Scheiben Bacon
- 10 g Butter
- 1 Frühlingszwiebeln
- Salz und Pfeffer

Zubereitung:

1. Bacon knusprig braten und reservieren.
2. Eier, Wasser, und Milch mit Salz und Pfeffer verquirlen.
3. Zwiebeln schälen, waschen und in Ringe schneiden. Mozzarella würfeln. Frühlingszwiebeln putzen, in Ringe schneiden und reservieren.
4. Butter in einer Pfanne auslassen und Eiermassen zugeben. Leicht stocken lassen.
5. Zwiebeln und Mozzarella zugeben und weiter garen.
6. Wenn die Eier gestockt sind, wird das Omelette vorsichtig gewendet und auch von der anderen Seite für 1 Minute goldgelb gebraten.
7. Omelette mit der linken Seite nach oben auf den Teller legen, Bacon und Frühlingszwiebeln darüber geben und in der Hälfte zusammenlegen.

Feta-Spinat Frittata

Zubereitung für: 1 Person | **Zubereitungszeit:** ca. 30 Minuten

Nährwerte p.P: 390 kcal | **Fett:** 24g | **Protein:** 25g | **Kohlenhydrate:** 18g

Zutaten:

- 1 Handvoll Baby-Spinat
- 100 g Champignons
- 1 TL Rapsöl
- 3 mittelgroße Eier
- 30 g Feta
- 1 Scheibe Vollkorn-Toast
- Salz und Pfeffer

Zubereitung:

1. Pilze putzen und in Scheiben schneiden. Spinat verlesen und waschen.
2. Öl in einer Pfanne erhitzen. Pilze darin anbraten. Spinat hinzugeben und leicht zusammenfallen lassen.
3. Eier verquirlen, mit Salz und Pfeffer würzen und zu dem Gemüse in die Pfanne geben.
4. Die Eier leicht stocken lassen und dann den Feta Käse darüber krümeln.
5. Inzwischen den Vollkorn Toast toasten.
6. Frittata zusammen mit dem Vollkorn Toast auf einem Teller anrichten.

Speck und Spiegeleier Pfanne

Zubereitung für: 1 Person | **Zubereitungszeit:** ca. 30 Minuten

Nährwerte p.P: 381 kcal | **Fett:** 23g | **Protein:** 40g | **Kohlenhydrate:** 3g

Zutaten:

- 50 g Bacon
- 100 g Champignons
- 10 Cherry Tomaten
- 4 Eier
- 1 TL Butter
- Salz und Pfeffer

Zubereitung:

1. Champignons putzen und in Scheiben schneiden. Cherry Tomaten waschen und halbieren.
2. Butter in einer Pfanne auslasen und Bacon Scheiben darin knusprig braten. Bacon entnehmen und reservieren.
3. Champignons und Pilze in die Pfanne geben und braten, bis die Pilze gold-braun sind. Reservieren.
4. Öl in einer anderen Pfanne erhitzen und darin 4 Spiegeleier braten.
5. Bacon sowie Gemüse gleichmäßig auf den Tellern verteilen. Spiegeleier darüberlegen.

Proteinreicher French Toast

Zubereitung für: 1 Person | **Zubereitungszeit:** ca. 45 Minuten

Nährwerte p.P: 391 kcal | **Fett:** 17g | **Protein:** 23g | **Kohlenhydrate:** 34g

Zutaten:

- 2 Scheiben möglichst trockenes Vollkorntoast
- 2 Eier
- 20 g Vanille Whey-Proteinpulver
- ½ TL Zimt
- 2 TL Kokosfett
- 4 EL Naturjogurt
- 1 EL gehackte Mandeln

Zubereitung:

1. Wenn kein bereits etwas trocken gewordener Vollkorntoast zur Verfügung steht, sollten die Toast Scheiben zunächst angetoastet werden.
2. Milch, Eier Zimt und Proteinpulver in einer breiten Schüssel verquirlen.
3. Toast Scheiben von beiden Seiten für einige Sekunden in Eimasse wenden.
4. Kokosfett in einer beschichteten Pfanne erhitzen.
5. Eingeweichte Toast Scheiben von beiden Seiten in dem Kokosfett goldbraun backen.
6. Toast auf Teller verteilen, mit Naturjogurt und den gehackten Mandeln toppen.

<u>Käse Rührei mit Pumpernickel</u>

Zubereitung für: 1 Person | **Zubereitungszeit:** ca. 25 Minuten

Nährwerte p.P: 481 kcal | **Fett:** 23g | **Protein:** 24g | **Kohlenhydrate:** 38g

Zutaten:

- ½ Bund Schnittlauch
- 2 Eier
- 2 TL Butter
- 30 g geriebener Edamer
- 2 Scheiben Pumpernickel
- Salz und Pfeffer

Zubereitung:

1. Schnittlauch putzen, waschen und hacken.
2. Eier in einer Schüssel aufschlagen und mit Schnittlauch, Salz und Pfeffer verquirlen.
3. Die Hälfte der Butter in einer Pfanne auslassen und die Eier darin zu Rührei stocken lassen. Kurz vor Ende der Bratzeit den Käse unterheben.
4. Restliche Butter auf den 2 Scheiben Pumpernickel verteilen. Rührei darüber geben.

Soja Porridge

Zubereitung für: 1 Person | **Zubereitungszeit:** ca. 20 Minuten

Nährwerte p.P: 479 kcal | **Fett:** 14g | **Protein:** 16g | **Kohlenhydrate:** 71g

Zutaten:

- 200 ml Sojamilch
- 70g Haferflocken
- 1 Banane
- 2 EL gehackte Walnüsse
- ½ EL Agavendicksaft
- ½ TL Zimt

Zubereitung:

1. Sojamilch in einem Topf erhitzen und dann vom Herd nehmen.
2. Haferflocken in die Sojamilch rühren und etwa 5 Minuten stehen lassen.
3. Banane schälen und in Scheiben schneiden und zusammen mit dem Agavendicksaft unter das Porridge rühren.
4. Mit Zimt und gehackten Walnüssen toppen.

Mit Ei gebackene Avocado

Zubereitung für: 1 Person | **Zubereitungszeit:** ca. 40 Minuten

Nährwerte p.P: 588 kcal | **Fett:** 37g | **Protein:** 22g | **Kohlenhydrate:** 45g

Zutaten:

- 1 Avocado
- 2 Eier
- Salz und Pfeffer
- 2 Scheiben Vollkorn Toast

Zubereitung:

1. Avocado halbieren und entkernen. An der Unterseite eine dünne Scheibe abschneiden, so dass die Avocado besser steht.
2. Avocado hälften mit der Schnittseite nach oben in eine Pfanne geben.
3. Aufgeschlagene Eier in die Vertiefung des Kerns gleiten lassen und mit Salz und Pfeffer würzen.
4. Mit einem Deckel abdecken und etwa 5 Minuten bei kleiner Hitze garen lassen. Wird das Ei fester gewünscht, kann die Garzeit entsprechend erhöht werden.
5. Brot toasten und gemeinsam mit der Avocado hälften auf Tellern anrichten.

Beeren Pfannkuchen

Zubereitung für: 2 Person | **Zubereitungszeit:** ca. 1 H

Nährwerte p.P: 504 kcal | **Fett:** 23g | **Protein:** 29g |**Kohlenhydrate:** 37g

Zutaten:

- 6 Eier
- 2 EL Honig
- 500 ml Milch
- 250 g Kokosmehl
- 250 g Heidelbeeren
- 250g Himbeeren
- 2 EL Öl

Zubereitung:

1. Milch, Eier und Honig verquirlen und das Mehl löffelweise hinzugeben, so dass ein Klumpen freier Teig entsteht.
2. Öl in einer Pfanne erhitzen und aus dem Teig vier Pfannkuchen backen.
3. Vor dem Wenden jeden Pfannkuchen mit den Beeren bestreuen. Dann mit dem Pfannenheber vorsichtig wenden und etwa 30 Sekunden fertig backen.

Overnight Oats mit Kompott

Zubereitung für: 1 Person | **Zubereitungszeit:** ca. 15 Minuten

Nährwerte p.P: 473 kcal | **Fett:** 8g | **Protein:** 13g | **Kohlenhydrate:** 82g

Zutaten:

- 80 g Haferflocken
- 200 ml Haferdrink
- 100 g Erdbeeren
- 1 Stangen Rhabarber
- 1 TL Vanille Pulver
- 1 EL Reissirup

Zubereitung:

1. Dieses Rezept sollte am Vorabend zubereitet werden.
2. Haferflocken und Haferdrink gut vermischen und in zwei Schüsseln verteilen. Über Nacht im Kühlschrank ruhen lassen.
3. Erdbeeren und Rhabarber putzen, waschen und in Stücke schneiden. Mit etwas Wasser und dem Vanille Pulver aufkochen und dann auf kleiner Flamme einige Minuten köcheln lassen. Abkühlen lassen und im Kühlschrank aufbewahren.
4. Am nächsten Morgen das Kompott über die Overnight Oats geben und servieren.

Overnight Oats mit Spinat

Zubereitung für: 1 Person | **Zubereitungszeit:** ca. 25 Minuten

Nährwerte p.P: 480 kcal | **Fett:** 11g | **Protein:** 16g | **Kohlenhydrate:** 71g

Zutaten:

- 80 g Haferflocken
- 200 ml Mandelmilch
- 1 Handvoll frischer Spinat
- 1 Bananen
- 2 Esslöffel Chia-Samen

Zubereitung:

1. Dieses Rezept sollte am Vorabend zubereitet werden.
2. Bananen schälen und in Stücke schneiden. Spinat verlesen und waschen.
3. Bananen, Spinat, Chia Samen und die Mandelmilch in einen Mixer geben und zu einer glatten Flüssigkeit verarbeiten.
4. Haferflocken zugeben und verrühren.
5. Auf zwei Schalen verteilen und über Nacht im Kühlschrank ruhen lassen.

Kürbis Pfannkuchen

Zubereitung für: 2 Person | **Zubereitungszeit:** ca. 50 Minuten

Nährwerte p.P: 385 kcal | **Fett:** 7g | **Protein:** 18g | **Kohlenhydrate:** 62g

Zutaten:

- 140 g Dinkelmehl
- 4 EL Kokosblütenzucker
- 2 TL Backpulver
- 1 TL Zimt
- 240 ml Milch
- 140 g Kürbis
- 3 EL zerlassenes Kokosfett
- 1 EL Zitronensaft
- 80 g Blaubeeren
- Ahornsirup
- 3 EL Naturjogurt

Zubereitung:

1. Kürbis schälen, entkernen, waschen, in Würfel schneiden und in Wasser garkochen. Dann zu einem Püree verarbeiten.
2. In einer Schüssel Dinkelmehl mit Backpulver und Zimt mischen. Dann Milch, Kürbispüree Zitronensaft und 2 EL Kokosfett einrühren, so dass ein homogener Teig entsteht.
3. Restliches Kokosöl in einer Pfanne erhitzen und darin portionsweise 9 Pfannkuchen backen. Jeder Pfannkuchen wird zunächst für etwa 2 Minuten von einer Seite gebraten, dann mit Pfannenheber gewendet und schließlich von der anderen Seite noch einmal etwa 30 Minuten gebraten.
4. Auf Tellern jeweils drei Pfannkuchen übereinander anrichten. Mit Naturjogurt und Blaubeeren toppen und nach Geschmack mit Sirup übergießen.

Spinatbrot

Zubereitung für: 3 Personen | **Zubereitungszeit:** ca. 1H 30 Minuten

Nährwerte p.P: 397 kcal | **Fett:** 7g | **Protein:** 13g | **Kohlenhydrate:** 68g

Zutaten:

- 350 g Dinkelmehl
- 150 g frischen Spinat
- 2 EL Reissirup
- 1 Pack. Trockenhefe
- 2 EL Olivenöl
- 2 TL Salz
- ca 100ml lauwarmes Wasser
- 1 EL Chia Samen

Zubereitung:

1. Spinat putzen, waschen und klein hacken.
2. In einer Schüssel Dinkelmehr mit Trockenhefe und Salz mischen. Dann Spinat, Wasser, Reissirup, Chia Samen und Öl zu der Mehlmischung geben.
3. Mit dem Knethaken des Handrührgeräts gut vermischen.
4. Teig mit den Händen verkneten. Sollte die Masse zu krümelig sein, wird so lange lauwarmes Wasser in kleinen Mengen zugefügt, bis ein glatter Teig gebildet werden kann.
5. Teig in eine Schüssel geben und mit einem Tuch bedecken. An einem warmen Ort für etwa 30 Minuten gehen lassen.
6. Den gegangenen Teig nochmals gründlich durchkneten.
7. Eine Kastenform einfetten und den Brotteig darin gleichmäßig verteilen.
8. Ofen auf 200C vorheizen und dann das Brot darin für etwa 30 Minuten backen.
9. Brot auskühlen lassen und aufschneiden.
10. Zum Frühstück schmeckt das Brot mit Frischkäse oder auch ganz einfach nur mit Butter.

Zucchini Pfannkuchen

Zubereitung für: 1 Person | **Zubereitungszeit:** ca. 1H

Nährwerte p.P: 599 kcal | **Fett:** 24g | **Protein:** 34g | **Kohlenhydrate:** 45g

Zutaten:

- 200 g Zucchini
- 3 Eier
- 60 g Dinkelmehl
- 2 Frühlingszwiebeln
- 30 g Parmesan
- 1 Knoblauchzehen
- 6 Blätter Basilikum

Zubereitung:

1. Zucchini reiben und mit Salz bestreut stehen lassen.
2. Frühlingszwiebeln putzen, waschen und in Ringe schneiden. Knoblauch schälen und hacken.
3. Zwiebeln, Knoblauch, Dinkelmehl, Eier und Parmesan zu einem Teig mischen und mit Muskat, Salz und Pfeffer würzen.
4. Nach und nach Zucchini zugeben und rühren bis eine einheitliche Masse entsteht.
5. Öl in einer Pfanne erhitzen und aus der Masse vier Pfannkuchen formen. In heißem Öl von beiden Seiten braten.
6. Zucchini Pfannkuchen auf Teller geben und servieren.

Eiersalat mit Vollkornbrot

Zubereitung für: 1 Person | **Zubereitungszeit:** ca. 30 Minuten

Nährwerte p.P: 348 kcal | **Fett:** 15g | **Protein:** 19g | **Kohlenhydrate:** 32g

Zutaten:

- 2 Eier
- 20 g Mayonnaise
- 2 TL Senf
- ½ Zwiebel
- 4 Essiggurken
- 2 EL Schnittlauch
- 2 TL Zitronensaft
- 2 Scheiben Vollkornbrot

Zubereitung:

1. Eier hartkochen, mit kaltem Wasser abschrecken, pellen und in kleine Stücke hacken.
2. Schnittlauch putzen, waschen und hacken. Essiggurken kleinschneiden.
3. Mayonnaise, Senf und Zitronensaft vermischen, mit Salz und Pfeffer abschmecken. Eier Schnittlauch und Essiggurken dazu geben und gründlich umrühren.
4. Eiersalat im Kühlschrank ziehen lassen, dann mit dem Vollkornbrot servieren.

Hirsebrei mit Erdbeeren

Zubereitung für: 1 Person | **Zubereitungszeit:** ca. 20 Minuten

Nährwerte p.P: 433 kcal | **Fett:** 8g | **Protein:** 36g | **Kohlenhydrate:** 53g

Zutaten:

- 50 g Hirse
- 200 ml Milch
- 150 g Erdbeeren
- 1 Bio Limette
- 3 EL Orangensaft
- 2 TL Kokosblütensirup
- 5 g gehackte Haselnusskerne
- 200 g Magerquark
- 50 g Naturjoghurt

Zubereitung:

1. Hirse in einem Haarsieb mit heißem Wasser abspülen.
2. Die Hirse zusammen mit der Milch in einen Topf geben, und für etwa fünf Minuten kochen lassen. Danach für 10 Minuten auskühlen lassen.
3. Erdbeeren entstielen, waschen, halbieren und trockentupfen. Die Limetten gut waschen und dann die Schale abreiben.
4. Erdbeeren in eine Schüssel geben und mit abgeriebener Limettenschale, Orangensaft und Kokosblütenzucker vermischen und für 30 Minuten ruhen lassen.
5. Quark und Jogurt vermischen und dann unter die Hirse ziehen.
6. Haselnusskerne in einer Pfanne kurz anrösten.
7. Hirsecreme in eine Schale füllen. Erdbeeren mit Marinade darüber geben und zum Schluss mit gerösteten Nüssen bestreuen.

Mango- Curry Brot

Zubereitung für: 1 Person | **Zubereitungszeit:** ca. 25 Minuten

Nährwerte p.P: 273 kcal | **Fett:** 5g | **Protein:** 10g | **Kohlenhydrate:** 44g

Zutaten:

- 3 EL Frischkäse
- 1 TL Sojasoße
- 1 EL Curry
- 50 g Mango
- 1 EL Apfelsaft
- 2 Scheiben Vollkornbrot
- 2 TL Mangochutney
- 1 EL frische Kresse
- schwarzer Pfeffer

Zubereitung:

1. Frischkäse in eine Schüssel geben und mit Currypulver, Sojasoße und Apfelsaft vermischen.
2. Mango schälen, entsteinen und etwa 50 g in Streifen schneiden.
3. Brotscheiben mit der Curry Creme bestreichen und dann das Chutney darüber geben. Zuletzt die Mango Scheiben darüberlegen, mit Kresse verzieren und schwarzen Pfeffer aus der Mühle darüber mahlen.

Wrap mit Spargel und Hähnchen

Zubereitung für: 2 Person | **Zubereitungszeit:** ca. 40 Minuten

Nährwerte p.P: 426 kcal | **Fett:** 12g | **Protein:** 36g | **Kohlenhydrate:** 39g

Zutaten:

- 20 g Rucola
- 100 g grüner Spargel
- ½ rote Zwiebel
- 1 EL Pinienkerne
- 100 g Frischkäse
- 2 TL Zitronensaft
- 2 fertige Tortillafladen
- 200 g Hähnchenbrust
- 1 TL Öl
- Tabasco, Salz und Pfeffer

Zubereitung:

1. Spargel putzen, waschen und in Salzwasser kurz blanchieren.
2. Rucola putzen, waschen und trockentropfen. Zwiebeln schälen und in feine Streifen schneiden.
3. Pinienkerne in einer Pfanne kurz anrösten.
4. Frischkäse in eine Schüssel geben und mit Zitronensaft, Salz und Pfeffer vermischen.
5. Ofen auf 200C vorheizen. Torillafladen mit Alufolie bedeckt im Ofen anwärmen.
6. Hähnchenbrustfilet in feine Streifen schneiden, mit Salz und Pfeffer würzen.
7. Öl in einer Pfanne erhitzen und Hähnchenstreifen darin knusprig braun braten. Nach Geschmack mit Tabasco verfeinern.
8. Heiße Tortillafladen aus dem Ofen nehmen und mit Frischkäse bestreichen.
9. Spargelstangen auf den Tortillafladen verteilen, Rucola, Pinienkerne und Hähnchenstreifen dazu geben.
10. Die Wraps von unten her zusammenfalten und dann die Seiten wie bei einer Tüte zusammenklappen, so dass die Spargelspitzen sichtbar bleiben.

Mittagessen

Hähnchenbrust Caprese auf Rucola Salat

Zubereitung für: 2 Person | **Zubereitungszeit:** ca. 50 Minuten
Nährwerte p.P: 554 kcal | **Fett:** 11g | **Protein:** 40g | **Kohlenhydrate:** 68g

Zutaten:

- 200g Hähnchenbrustfilets
- ½ Mozzarella
- 1Tomaten
- 1 EL Öl
- 100 g Rucola
- 150 g Cherry Tomaten
- 8 schwarze Oliven
- 200 g Vollkornnudeln
- 2 EL Olivenöl
- 1 EL Balsamico
- 1 TL Senf
- Salz und Pfeffer
- Fett für die Form

Zubereitung:

1. Hähnchenbrust waschen und in Querrichtung mit einem scharfen Messer drei bis vier Mal tief einritzen, so dass Taschen entstehen.
2. Tomaten waschen und in Scheiben schneiden. Mozzarella in Scheiden schneiden.
3. Jede Tasche im Hähnchenbrustfilet mit einer Scheibe Tomate und einer Scheibe Mozzarella füllen. Filets mit Öl bepinseln und mit Salz und Pfeffer würzen.
4. Auflaufform einfetten und Backofen auf 180C vorheizen. Gefüllte Hähnchenfilets in Auflaufform legen und etwa 25 Minuten im vorgeheizten Backofen backen.
5. Vollkornnudeln garen und abgießen.
6. Rucola und Tomaten waschen, Tomaten kleinschneiden. Oliven in Scheiben schneiden.

7. Für das Salat Dressing Olivenöl, Balsamico und Senf verrühren und mit Salz und Pfeffer abschmecken.
8. Rucola, Tomaten und Vollkornnudeln unter das Dressing mischen
9. Salat auf Tellern verteilen. Hähnchenfilets auf dem Salat anrichten.

Rindersteak mit Pilzen und Tomaten

Zubereitung für: 1 Person | **Zubereitungszeit:** ca. 1 Stunde

Nährwerte p.P: 482 kcal | **Fett:** 30g | **Protein:** 47g | **Kohlenhydrate:** 5g

Zutaten:

- 200 g Rindersteak
- 200 g Tomaten
- 50 g Ziegenkäse
- 60 g Champignon
- 1 Knoblauchzehe
- ½ Brühwürfel
- 2 EL Olivenöl
- 1 ½ EL Balsamico
- 12 Blättchen Basilikum
- ½ TL getrockneter Thymian
- Salz und Pfeffer

Zubereitung:

1. Ziegenkäse rechtzeitig aus dem Kühlschrank nehmen, da er bei Zimmertemperatur sein Aroma besser entfaltet. Tomaten waschen und in Scheiben schneiden. Ziegenkäse in Würfel schneiden.
2. Tomatenscheiben auf einem Teller anrichten, mit Basilikumblättchen belegen und die Ziegenkäse Würfeln darauf verteilen.
3. Champignons putzen, waschen und in Scheiben schneiden. Knoblauch fein hacken.
4. Öl in einer Pfanne erhitzen und die Steaks darin bei hoher Hitze zwei bis drei Minuten von jeder Seite braten. Während des Bratens werden die Steaks mit Salz und Pfeffer gewürzt.
5. Knoblauch und Thymian in den Bratensaft geben, der von den Starks verblieben ist. Für etwa 30 Sekunden in der Pfanne umrühren, bis sich der Bratensatz gelöst hat.
6. Brühwürfel in etwa 100 ml Wasser auflösen. Brühe und Champions zu dem Bratensatz fügen und einige Minuten köcheln lassen, bis die Champignons weich, aber noch bissfest sind.
7. Rindersteaks auf den Tellern mit den Tomaten anrichten und mit Bratensaft sowie Champignons übergießen.

8. Essig und Öl mit Salz und Pfeffer verrühren und über den Tomaten verteilen.
9. Steaks können mit frisch gemahlenem Pfeffer aus der Pfeffermühle nachgewürzt werden.

Hackpfanne mit Kichererbsen

Zubereitung für: 1 Person | **Zubereitungszeit:** ca. 35 Minuten

Nährwerte p.P: 441 kcal | **Fett:** 12g | **Protein:** 34g | **Kohlenhydrate:** 23g

Zutaten:

- 150 g Kichererbsen aus der Dose
- 120 g Rinderhackfleisch
- ½ Zwiebel
- 1 Knoblauchzehe
- 1 Paprikaschote
- 1 EL Olivenöl
- 1 TL Tomatenmark
- 100 ml Rinderbrühe
- 1 EL Naturjoghurt
- 2 Zweige Koriander
- Salz und Pfeffer

Zubereitung:

1. Zwiebeln und Knoblauch schälen, Paprikaschote waschen. Zwiebeln und Knoblauch hacken, Paprikaschote entkernen und in Streifen schneiden.
2. Öl in einer Pfanne erhitzen und Zwiebeln sowie Knoblauch kurz anbraten.
3. Hackfleisch zugeben und unter umrühren so lange braten, bis das Hack krümelig wird. Mit Salz und Pfeffer würzen.
4. Paprikastreifen und Tomatenmark zugeben und kurz anschwitzen.
5. Die Rinderbrühe zugeben und aufkochen lassen, dann für einige Minuten bei kleiner Hitze köcheln lassen.
6. Kichererbsen dazugeben und noch einige weitere Minuten köcheln lassen.
7. Inhalt der Pfanne auf einen Teller geben und mit Joghurt toppen. Die Korianderzweige als Garnitur auf das Joghurt legen.

Texanischer Feuerstopf mit Hähnchen

Zubereitung für: 2 Person | **Zubereitungszeit:** ca. 45 Minuten

Nährwerte p.P: 489 kcal | **Fett:** 20g | **Protein:** 48g | **Kohlenhydrate:** 23g

Zutaten:

- 250 g Hähnchenbrust
- 100 g Bacon
- ½ Zwiebel
- 1 Paprika
- 1 Dose geschälte Tomaten
- 100 g Hokkaidokürbis
- 150 g Bohnen aus der Dose
- 1 TL Chiliflocken
- 1 EL Butterschmalz
- Salz, Pfeffer

Zubereitung:

1. Hühnerbrust in Würfel schneiden und in dem Butterschmalz kurz anbraten.
2. Zwiebel schälen und hacken. Bacon in Streifen schneiden. Bacon und Zwiebeln zu den Fleischwürfeln in die Pfanne geben.
3. Paprika waschen, entkernen und in kleine Stücke schneiden. In die Pfanne geben.
4. Dose Tomaten zu der Mischung in der Pfanne geben.
5. Kürbis putzen und zerkleinern und zusammen mit den Bohnen in die Pfanne geben.
6. Nach Geschmack mit Pfeffer, Salz und Chili abschmecken und kurz aufkochen lassen.
7. Anschließend bei 200C im Backofen für etwa 30 Minuten fertig garen.

Backofen Hähnchen

Zubereitung für: 2 Person | **Zubereitungszeit:** ca. 1H 30 min

Nährwerte p.P: 436 kcal | **Fett:** 30g | **Protein:** 21g | **Kohlenhydrate:** 40g

Zutaten:

- 2 St. Hähnchenschenkel
- 400g Kartoffeln
- 3 EL Ketchup
- 2 EL Pflanzenöl
- 2 Knoblauchzehen
- 2 TL Paprikapulver
- Etwas Salz & Pfeffer
- 1 TL Senfkörner
- 4 Zweige Rosmarin
- 30 ml frischer Zitronensaft

Zubereitung:

1. Hähnchenschenkel waschen.
2. Zitronensaft, Senfkörner und Rosmarin, Öl, Paprikapulver, Salz und Pfeffer für die Marinade des Hähnchens mischen.
3. Hähnchenschenkel mit Knoblauch und Ketchup einreiben und die Marinade darüber geben und für etwa 30 Minuten im Kühlschrank ziehen lassen.
4. Kartoffeln schälen, waschen und in Spalten schneiden
5. Auflaufform einfetten und mit Hähnchenschenkeln und Kartoffeln füllen Die übrige Marinade darüber verteilen.
6. Backofen auf 200C vorheizen. Hähnchenschenkel und Kartoffeln im vorgeheizten Ofen etwa 70 Minuten Garen. Während dieser Zeit sollte das Gericht hin und wieder gewendet werden.
7. Auf einem Teller anrichten und mit Rosmarinzweigen verzieren.

Einfache Orientalische Rindfiletpfanne mit Cashews

Zubereitung für: 2 Person | **Zubereitungszeit:** ca. 45 Minuten

Nährwerte p.P: 394 kcal | **Fett:** 27g | **Protein:** 31g | **Kohlenhydrate:** 5g

Zutaten:

- 250 g Rinderfilet
- 2 EL Rapsöl
- 1 Paprika
- 40 g Cashewnüsse
- 4 Frühlingszwiebeln
- 3 EL Sojasauce
- 1 Spritzer Tabasco
- 1 Prise Zucker
- Kurkuma
- Koriander

Zubereitung:

1. Rinderfilet in feine Streifen schneiden. In heißem Fett scharf anbraten.
2. Frühlingszwiebeln putzen und kleinschneiden. Paprikaschoten entkernen, waschen und in Streifen schneiden.
3. Alle Zutaten gut vermischen und dann in die Pfanne zu dem Rinderfilet geben.
4. Etwa fünf Minuten bei mittlerer Hitze garen. Dabei sollte ständig umgerührt werden. Auf Tellern anrichten.

Hähnchenbrust mit Spinat

Zubereitung für: 2 Person | **Zubereitungszeit:** ca. 1H 30 min

Nährwerte p.P: 346 kcal | **Fett:** 14g | **Protein:** 44g | **Kohlenhydrate:** 4g

Zutaten:

- 2 ganze Hähnchenbrüste mit Haut und Knochen
- 400 g Blattspinat
- 1 Schalotte
- 125 g Ricotta
- 50 g geriebener Parmesan
- 30 g Pinienkerne
- 4 Tomaten
- 1 Zwiebel
- 3 El Olivenöl
- 1 Knoblauchzehe
- Salz, Pfeffer und Zucker

Zubereitung:

1. Hähnchenbrüste waschen und trockentupfen. Dann vom Brustbein beginnend, mit den Händen unter die Haut fahren, so dass eine Tasche entsteht, Die Haut darf sich dabei nicht vom Rand lösen.
2. Hähnchenbrüste mit Salz und Pfeffer würzen.
3. Spinat putzen, waschen und grob zerkleinern.
4. Schalotte abziehen, würfeln und in einem Esslöffel Öl andünsten, Spinat dazu geben und zusammenfallen lassen.
5. Knoblauch abziehen und über den Spinat pressen. Mit Salz und Pfeffer abschmecken. Spinat über einem Sieb abtropfen lassen.
6. Spinat mit Ricotta, Parmesan und Pinienkernen mischen und würzen.
7. Diese Füllung unter die Haut der Hähnchenbrüste geben und formen.
8. Hähnchenbrüste mit der Hautseite nach oben in eine feuerfeste Ofenform setzen und mit 1 Esslöffel Olivenöl bepinseln.
9. Ofen auf 200C vorheizen und danach die Form einschieben und für etwa 40 Minuten garen.
10. Die Tomaten für die Sauce häuten, halbieren und entkernen.

11. Zwei Hälften in Spalten schneiden und das restliche Fruchtfleisch grob würfeln. Zwiebeln abziehen, fein würfeln und in heißem Öl andünsten
12. Tomatenwürfel zugeben.
13. Hähnchenbrüste aus dem Ofen nehmen, vorsichtig vom Knochen ablösen, aufschneiden und auf Tellern anrichten.
14. Bratensatz mit Wasser ablösen und zu den Tomaten geben. Etwa 5 Minuten einkochen lassen. Tomatenspalten in der Sauce erwärmen. Die Sauce abschmecken und mit der Hähnchenbrust auf den Tellern anrichten.

Schollenfilet auf Kräutersauce

Zubereitung für: 2 Person | **Zubereitungszeit:** ca. 1H
Nährwerte p.P: 285 kcal | **Fett:** 13g | **Protein:** 27g | **Kohlenhydrate:** 15g

Zutaten:

- 2 Schollenfilets a 150 g
- einige Tropfen Zitronensaft
- einige Tropfen Worcester Sauce
- Pfeffer, Salz, Butter
- 2 EL Olivenöl
- 1 Knoblauchzehe
- 1 Zwiebel
- je einen EL Estragon
- Kerbel, Petersilie und Dill
- 1 Becher Dickmilch
- 2 EL Obstessig
- 1 Prise Cayennepfeffer
- 1 Bund Schnittlauch

Zubereitung:

1. Schollenfilets unter fließendem Wasser waschen und trockentupfen. Mit Salz und Pfeffer würzen und mit Zitronensaft und Worcester Sauce beträufeln.
2. Minuten im Kühlschrank ziehen lassen.
3. Butter in einer Pfanne erhitzen und die Schollenfilets darin von beiden Seiten braten.
4. Gebratene Schollenfilets aus der Pfanne nehmen und warmhalten.
5. Olivenöl in das Bratenfett geben. Knoblauchzehen und Zwiebeln schälen, fein würfeln, in das Öl geben und glasig schwitzen.
6. Die verlesenen, gewaschenen und fein gehackten Kräuter zu den Zwiebeln geben und kurz mitschwitzen. Dann die Pfanne vom Feuer nehmen und die Dickmilch zugeben.
7. Obstessig zugeben, mit Salz, Pfeffer, Cayennepfeffer, Zitronensaft und Worcester Sauce abschmecken.
8. Schollenfilet gemeinsam mit der Sauce auf Tellern anrichten und mit den frisch gehackten Kräutern bestreuen.

Fischfilets a la Bordelaise mit Folienkartoffeln

Zubereitung für: 2 Person | **Zubereitungszeit:** ca. 1H

Nährwerte p.P: 471 kcal | **Fett:** 28g | **Protein:** 50g | **Kohlenhydrate:** 22g

Zutaten:

- 2 Fischfilets a 200 g
- 2 große Kartoffeln
- einige Tropfen Zitronensaft
- einige Tropfen Worcester Sauce
- Salz, Pfeffer aus der Mühle
- 1 EL Butter
- 1 Zwiebel
- 200 g Champignons
- 1 TL Kräuter der Provence
- 1 Prise Muskat
- 1 Prise Cayennepfeffer
- 1 Tasse Gemüsebrühe
- 2 EL Magerquark
- 3 EL Naturjogurt
- ¼ Bund Schnittlauch

Zubereitung:

1. Kartoffeln waschen, in Alufolie wickeln und bei 200C etwa 40 Minuten im Backofen garen.
2. Fischfilets waschen, trockentupfen, mit Salz und Pfeffer einreiben und mit Zitronensaft und Worcester Sauce beträufeln. 10 Minuten im Kühlschrank ziehen lassen.
3. Zwiebel schälen und klein hacken, Champignons putzen, in Scheiben schneiden und mit Zitronensaft beträufeln.
4. Butter in einer Pfanne erhitzen und die Zwiebel darin glasig dünsten. Champignons zu den Zwiebeln geben und kurz mitschwitzen.
5. Mit Kräutern der Provence, Salz, Pfeffer, Cayennepfeffer abschmecken und mit einem wenig Zitronensaft verfeinern.

6. Gemüsebrühe aufgießen und kurz aufkochen lassen. Erneut mit Salz und Pfeffer abschmecken. Die Masse gleichmäßig auf den Fischfilets verteilen.
7. Eine Auflaufform mit Butter ausfetten und die Fischfilets hineingeben und im Backofen bei 180C etwa 10 Minuten garen.
8. Folienkartoffeln aus dem Ofen nehmen.
9. Magerquark und Naturjogurt einen Dipp zusammenrühren und mit Zitronensaft, Salz und Pfeffer abschmecken.
10. Folienkartoffel aufschneiden und mit dem Dip toppen.

Hackfleischbällchen auf pikanter Sauce

Zubereitung für: 1 Person | **Zubereitungszeit:** ca. 50 Minuten

Nährwerte p.P: 456 kcal | **Fett:** 11g | **Protein:** 37g | **Kohlenhydrate:** 15g

Zutaten:

- 150g Hackfleisch
- ½ Brötchen
- 1 bunte Paprika
- 1 Knoblauchzehe
- ½ Zwiebel rot
- 2 EL Olivenöl
- 100 g Ketchup
- 1 TL Senf mittelscharf
- 1TL Tomatenmark
- Salz und Pfeffer

Zubereitung:

1. ½ Brötchen in Wasser einweichen und gut ausdrücken. Hackfleisch mit Brötchen, Senf, Salz und Pfeffer gut vermischen.
2. Öl in einer Pfanne erhitzen, aus der Hackfleischmasse 6 Bällchen formen und im heißen Öl von allen Seiten anbraten. Hackfleischbällchen entnehmen und reservieren.
3. Paprikaschoten entkernen, waschen und würfeln. Knoblauch schälen und hacken.
4. Paprika und Knoblauch in Öl zwei bis drei Minuten anschwitzen.
5. Hackfleischbällchen zu Paprika und Knoblauch geben und mit geschlossenem Deckel ein paar Minuten dünsten.
6. Ketchup über Hackfleischbällchen und Gemüse geben und umrühren. Nach Geschmack abschmecken und auf Tellern anrichten.

Panierte Hähnchenbrustfilets Cordon Bleu mit Brokkoli und Kartoffeln

Zubereitung für: 1 Person | **Zubereitungszeit:** ca. 1H
Nährwerte p.P: 422 kcal | **Fett:** 10g | **Protein:** 42g | **Kohlenhydrate:** 36g

Zutaten:

- 1 Hähnchenbrust
- 2 Scheiben Emmentaler
- 1 Scheiben gekochten Schinken
- 1 Tasse Semmelmehl
- 2 EL Mehl
- 1 Ei
- 1 EL Speiseöl
- 4 mittelgroße Kartoffeln
- 100g Brokkoli
- Salz und Pfeffer

Zubereitung:

1. Hähnchenbrust ohne Knochen in zwei gleich dicke Scheiben aufschneiden. Jede Scheibe mit Klarichfolie belegen und mit einem Nudelholz vorsichtig klopfen.
2. Geklopfte Hähnchenbrust Scheiben salzen und Pfeffern und mit je zwei Scheiben Käse und gekochtem Schinken belegen.
3. Belegte Scheiben zu einer festen Rolle zusammenrollen.
4. Rollen fest in Frischhaltefolie wickeln und zirka 30 Minuten im Kühlschrank ruhen lassen. Rollen aus dem Kühlschrank nehmen und aus der Folie wickeln.
5. Ei aufschlagen und mit ein wenig Wasser in einem tiefen Teller verquirlen. Semmelmehl in einem tiefen Teller bereitstellen. Hähnchenbrustrollen mit Mehl bestäuben. Anschließend in Ei und danach in Semmelmehl wälzen.
6. Öl in einer Pfanne erhitzen und die Rollen darin von allen Seiten goldbraun braten.
7. In der Zwischenzeit die Kartoffeln schälen, waschen, vierteln und in Salzwasser kochen.
8. Brokkoli putzen, waschen und in Salzwasser kurz garen, so dass die Röschen bissfest werden.
9. Gebratene Rollen in Scheiben aufschneiden und auf Tellern anrichten. Salzkartoffeln und Brokkoli dazu legen.

Gefüllte Rinderroulade mit Rosenkohl

Zubereitung für: 2 Person | **Zubereitungszeit:** ca. 1H 30 Min

Nährwerte p.P: 329 kcal | **Fett:** 13g | **Protein:** 30g | **Kohlenhydrate:** 19g

Zutaten:

- 150g Rosenkohl aus der Tiefkühltruhe
- 2 Rinderrouladen
- 1 Zwiebel
- 1 Gewürzgurke
- 1 TL scharfer Senf
- 2 Scheiben Puten Wurst
- Salz, Pfeffer
- Öl zum Braten

Zubereitung:

1. Zwiebel schälen und fein würfeln, Gewürzgurke fein würfeln.
2. Rouladen salzen und pfeffern und dünn mit dem Senf bestreichen.
3. Jeweils eine Scheibe Pute der Länge nach auf die Rouladen legen. Gewürfelte Zwiebel und Gewürzgurke auf den Rouladen verteilen.
4. Rouladen vom schmalen Ende her aufwickeln und mit Küchengarn befestigen.
5. Mit Salz und Pfeffer bestreuen.
6. Öl in einem Bratentopf erhitzen und Rouladen von allen Seiten anbraten.
7. Restliche Zwiebel in große Stücke schneiden und kurz mit dem Rouladen anbraten.
8. Topf mit Wasser auffüllen, so dass die Rouladen etwa halb bedeckt sind und etwa 1 Stunde bedeckt bei kleiner Flamme kochen lassen.
9. Rosenkohl in Salzwasser garen.
10. Rouladen aus dem Topf nehmen, Sauce mit dem Pürierstab pürieren und abschmecken, Rouladen wieder in den Topf geben und kurz in der Sauce wenden.
11. Rouladen mit der Sauce auf Tellern anrichten und mit Rosenkohl servieren.

Saftige Rinderfilet mit Süßkartoffeln und grünen Bohnen

Zubereitung für: 2 Person | **Zubereitungszeit:** ca. 1H

Nährwerte p.P: 402 kcal | **Fett:** 13g | **Protein:** 33g | **Kohlenhydrate:** 37g

Zutaten:

- 2 Süßkartoffeln
- 250 g Rinderfilet
- 200g grüne Bohnen
- 2 EL Rapsöl
- 2 EL Mandelblättchen
- Salz und Pfeffer

Zubereitung:

1. Süßkartoffel gründlich waschen und in Scheiben schneiden.
2. Ofen auf 230C vorheizen.
3. Süßkartoffelscheiben auf ein Backblech legen, mit ein wenig Öl beträufeln und salzen. Für etwa 30 Minuten backen.
4. Bohnen putzen und waschen. Anschließend in heißem Salzwasser garen, bis sie bissfest werden.
5. Fleisch in Medaillons schneiden, mit Salz und Pfeffer würzen. Das restliche Öl in einer Pfanne erhitzen und die Medaillons darin von beiden Seiten etwa drei Minuten braten.
6. Mandeln ohne Fett in einer Pfanne rösten.
7. Medaillons auf den Tellern anrichten. Süßkartoffeln und Bohnen dazugeben. Mit den gerösteten Mandelblättchen dekorieren.

Sättigender Eiweiß Salat

Zubereitung für: 1 Person | **Zubereitungszeit:** ca. 40 Minuten

Nährwerte p.P: 546 kcal | **Fett:** 23g | **Protein:** 44g | **Kohlenhydrate:** 41g

Zutaten:

- 200g Kartoffeln
- 2 Eier
- 10 schwarze Oliven
- 2 EL Petersilie
- Fruchtfleisch von ¼ Zitrone
- 1 EL Zitronensaft
- 1 TL Harissa
- 1 EL Olivenöl
- 1 Kopf Römersalat
- 1 Tomaten
- ½ Gewürzgurken
- 150 g Frischer Thunfisch

Zubereitung:

1. Kartoffeln schälen, waschen, in Würfel schneiden und in Salzwasser kochen Eier hartkochen, schälen und halbieren.
2. Petersilie putzen, waschen und hacken. Oliven in feine Ringe schneiden, Zitronenfleisch in kleine Stückchen schneiden. Petersilie, Oliven und Zitronenfleisch mit Zitronensaft, Öl und Harissa in einer Schüssel mischen. Mit Pfeffer würzen.
3. Römersalat putzen, waschen und in Streifen schneiden. Tomaten waschen und in Würfel schneiden, Gewürzgurken in Würfel schneiden.
4. Alle Zutaten, außer den Eiern und dem Thunfisch, in einer Schüssel vermischen.
5. Thunfisch in kleine Streifen schneiden und in Öl in einer Pfanne von jeder Seite etwa eine Minute braten.
6. Salat auf einem Teller anrichten und mit halben Eiern und gebratenen Thunfischstreifen belegen.

Gefüllte Paprikaschoten

Zubereitung für: 1 Person | **Zubereitungszeit:** ca. 1H

Nährwerte p.P: 433 kcal | **Fett:** 12g | **Protein:** 40g | **Kohlenhydrate:** 11g

Zutaten:

- 150 g Hackfleisch (halb und halb)
- 2 EL Tomatenmark
- ½ Zwiebel
- 2 Paprika
- 80 g Feta
- 1 TL frischer Majoran
- 200 ml Fleischbrühe
- 2 Tomaten
- 2 EL Sahne
- Salz und Pfeffer

Zubereitung:

1. Paprikaschoten waschen und den oberen Teil wie einen Deckel abschneiden. Entkernen und den Deckel verwahren.
2. Zwiebel schälen und in feine Würfel schneiden. 1 Tomate waschen und würfeln.
3. Öl in einer Pfanne erhitzen und Hackfleisch darin anbraten. Mit Salz und Pfeffer würzen. Zwiebel zugeben und weiterhin braten. Schließlich die gewürfelte Tomate zugeben.
4. Wenn alle Zutaten gut gerüstet sind, wird das Tomatenmark zugegeben und mit Majoran verfeinert.
5. Feta zerbröseln, zur Hackpfanne geben und gut umrühren. Vom Herd nehmen.
6. Paprikaschoten mit der Hackfleischmasse füllen.
7. Verbleibende Zwiebel schälen und grob würfeln. Die restliche Tomate waschen und vierteln.
8. Paprikaschoten in die Ofenform setzen und mit dem abgeschnittenen Deckel bedecken. Tomaten und Zwiebeln ebenfalls in die Form geben. Mit der Brühe aufgießen.
9. Ofen auf 200C vorheizen und die Form mit den Paprikaschoten einschieben. Für etwa 25 Minuten garen.

10. Form aus dem Ofen nehmen und Paprikaschoten auf Tellern anrichten.
11. Fond aus der Form mit den mitgeschmorten Zwiebeln und Tomaten in einen Topf geben und pürieren. Sahne hinzufügen und gut umrühren. Mit Salz und Pfeffer abschmecken und über den Paprikaschoten anrichten.

Würziges Chili Con Carne

Zubereitung für: 2 Person | **Zubereitungszeit:** ca. 45 Minuten

Nährwerte p.P: 379 kcal | **Fett:** 10g | **Protein:** 32g | **Kohlenhydrate:** 17g

Zutaten:

- 200g Hackfleisch
- 100 g Gemüsezwiebeln
- 200 g Fleischtomaten
- 1 Knoblauchzehen
- ½ TL Chilipulver
- ½ TL Cayennepfeffer
- 2 EL Olivenöl
- Salz und Pfeffer
- 1 El Tomatenmark
- 1 Dose Kidney Bohnen
- 200 ml Fleischbrühe

Zubereitung:

1. Zwiebeln schälen und fein würfeln. Knoblauchzehen schälen und hacken. Tomaten waschen und in große Würfel schneien.
2. Öl in einer Pfanne erhitzen und das Hackfleisch darin anbraten. Mit Salz und Pfeffer würzen.
3. Zwiebeln und Knoblauch in die Pfanne geben und mit dem Fleisch noch einige weitere Minuten anbraten. Tomatenmark zugeben und gut mit der Fleischmasse vermengen.
4. Kidney Bohnen abtropfen lassen.
5. Gewürfelte Tomaten und Kidney Bohnen unter die Fleischmasse heben.
6. Mit Pfeffer und Salz abschmecken.
7. Fleischbrühe aufgießen, so dass alle Zutaten in der Pfanne gut bedeckt sind. Für 20 Minuten bei kleiner Hitze ohne Deckel ziehen lassen.
8. Das Gericht mit Tortilla Chips oder auch mit Vollkorn Stangenbrot serviert werden.

Sauerbraten mit Kartoffelbrei

Zubereitung für: 2 Person | **Zubereitungszeit:** ca. 2 H

Nährwerte p.P: 540 kcal | **Fett:** 20g | **Protein:** 23g | **Kohlenhydrate:** 66g

Zutaten:

- 200 g Rindfleisch aus der Oberschale
- 1 Zwiebeln
- ½ Bund Suppengrün
- 2 Wacholderbeeren
- 10 Pfefferkörner
- 2 Gewürznelken
- 1 Lorbeerblatt
- Etwas Weißweinessig
- 100 ml Rotwein
- 1 El Rapsöl
- 50 g Honigkuchen
- Zucker, Salz und Pfeffer
- 500g Kartoffeln
- ½ Tasse Milch
- 2 TL Butter
- 1 EL Petersilie
- 1 TL Speisestärke

Zubereitung:

1. Anmerkung: Dieses Rezept sollte 2 Tage im Voraus zubereitet werden, um das Fleisch lange genug in der Marinade ruhen zu lassen.
2. Rindfleisch waschen und mit Küchenpapier trockentupfen.
3. Zwiebeln schälen und in Scheiben schneiden. Suppengrün putzen, waschen und kleinschneiden.
4. Zwiebeln und Suppengrün in eine große Schüssel geben und Lorbeerblatt, Gewürznelken, Pfefferkörner, Wachholderbeeren, Essig und Rotwein zugeben und gut verrühren.

5. Fleisch in die Marinade geben und mit einem Deckel gut bedecken. Zwei Tage im Kühlschrank ruhen lassen. Dabei sollte das Fleisch hin und wieder gewendet werden.
6. Am dritten Tag wird das Fleisch aus der Marinade genommen und trockengetupft.
7. Marinade sieben und Gemüse sowie der Flüssigkeit reservieren.
8. In einem Bräter Öl erhitzen und das Fleisch darin von allen Seiten gut anbraten. Das Gemüse aus der Marinade dazugeben und kurz mitbraten.
9. Ein wenig Marinade zugeben und bedeckt für zirka 30 Minuten schmoren. Dabei häufig umrühren und Marinade auffüllen, wenn sich die Flüssigkeit im Topf reduziert hat.
10. Honigkuchen zerbröseln und in den Bräter geben. Eine weitere ½ Stunde auf die gleiche Weise schmoren.
11. Kartoffeln schälen, waschen, vierteln und in Salzwasser garen.
12. Kartoffeln gründlich abschütten und mit einem Stampfer pürieren. Milch und Butter zugeben und so lange rühren, bis das Püree locker wird.
13. Petersilie putzen, waschen und hacken.
14. Hitze unter dem Bräter ausschalten und das Fleisch etwa 10 Minuten ruhen lassen. Dann wird der Braten in Scheiben aufgeschnitten.
15. Bratenfond mit dem Gemüse und dem Honigkuchen für die Sauce pürieren. Aufkochen lassen und mit Salz, Pfeffer und Zucker abschmecken. Falls nötig, mit ein wenig Speisestärke andicken.
16. Bratenscheiben mit der Sauce auf Tellern anrichten. Kartoffelpüree dazu geben und mit der gehackten Petersilie überstreuen.

Schmackhaftes Chop Suey mit Rind und Huhn

Zubereitung für: 2 Person | **Zubereitungszeit:** ca. 1H

Nährwerte p.P: 269 kcal | **Fett:** 11g | **Protein:** 33g | **Kohlenhydrate:** 8g

Zutaten:

- 150g Rinderfilet
- 150g Hähnchenbrustfilet
- 1 Möhre
- 1 Zwiebel
- 1 Knoblauchzehe
- 2 EL Sojasauce
- 2 EL Erdnussöl
- 1 EL Speisestärke
- Pfeffer und Salz

Zubereitung:

1. Rinderfilet und Hähnchenbrustfilet waschen und mit einem Küchentuch trockentupfen.
2. Fleisch in kleine Streifen schneiden und in eine Schüssel geben. Mit Sojasauce und Speisestärke vermischen und für eine Stunde zugedeckt im Kühlschrank ruhen lassen.
3. Möhren schälen, waschen und in feine Streifen schneiden. Zwiebel und Knoblauchzehe schälen und hacken.
4. Fleisch abtropfen lassen und die Marinade auffangen.
5. Erdnussöl in Pfanne erhitzen und das abgetropfte Fleisch darin anbraten. Nach etwa drei bis vier Minuten die Möhrenstreifen, Knoblauch und Zwiebeln zugeben.
6. Restliche Marinade in die Pfanne geben und kurz schmoren lassen.
7. Mit Salz und Pfeffer abschmecken und mit Basmatireis servieren.

Kohlrouladen in Tomatensauce

Zubereitung für: 2 Person | **Zubereitungszeit:** ca. 1H

Nährwerte p.P: 474 kcal | **Fett:** 18g | **Protein:** 36g | **Kohlenhydrate:** 21g

Zutaten:

- ½ Kopf Weißkohl
- 1 Semmel
- 100 ml Milch
- 1 Zwiebel
- 1 Knoblauchzehe
- ½ Bund Petersilie
- 2 EL Olivenöl
- 200 g Rinderhack
- 10 g geröstete Pinienkerne
- 1 Ei
- Salz, Pfeffer, Majoran
- 3 Tomaten
- 1 Dose geschälte Tomaten
- 1 Bund Thymian
- 50 g Beinschinken100 g gekochte Kartoffeln

Zubereitung:

1. Kohl vorsichtig entblättern, so dass die Blätter nicht brechen. Blätter in Salzwasser blanchieren.
2. Semmel würfeln und in heißer Milch einweichen
3. Zwiebel und Knoblauchzehen schälen und klein hacken. Petersilie putzen, waschen und hacken.
4. Zwiebel, Knoblauch und Petersilie in Olivenöl kurz anschwitzen und abkühlen lassen.
5. Angeschwitzte Zwiebelmischung mit 1 Ei, Semmelwürfeln und Pinienkernen unter das Rinderhack mischen und mit den Gewürzen abschmecken.
6. Kohlblätter einzeln auslegen, mit der Fleischmasse füllen und zusammenrollen. Mit einem Zahnstocher sichern.
7. Olivenöl in einer Pfanne erhitzen und Kohlrouladen darin anbraten.

8. Zwiebel schälen und hacken, Tomaten schälen, entkernen und das Fleisch in Würfel schneiden.
9. Zwiebeln und Tomaten mit Thymian und Knoblauch in einer feuerfesten Form anschwitzen.
10. Schinken und geschälte Dosentomaten zugeben und aufkochen lassen, dann mit Salz und Pfeffer abschmecken.
11. Backofen auf 200C vorheizen.
12. Rouladen in die feuerfeste Form geben und im Backofen für etwa 20 Minuten garen.
13. Rouladen entnehmen und auf Tellern anrichten.
14. Gekochte Kartoffeln klein würfeln und unter die Sauce geben.
15. Sauce abschmecken und mit den Rouladen anrichten.

Klassischer Linseneintopf

Zubereitung für: 2 Person | **Zubereitungszeit:** ca. 40 Minuten

Nährwerte p.P: 375 kcal | **Fett:** 8g | **Protein:** 21g | **Kohlenhydrate:** 50g

Zutaten:

- 200 g Linsen
- 1 l Wasser
- 1 Zwiebel
- 1 EL Butter
- 1 Möhre
- 1 Lorbeerblatt
- 2 Steile Petersilie
- 300 ml Gemüsebrühe
- Salz und Pfeffer
- 2 EL saure Sahne
- ½ Stange Lauch
- 2 EL Mehl

Zubereitung:

1. Linsen in eine Schüssel mit Wasser geben. Die Linsen, die zur Oberfläche treiben, werden aussortiert. Linsen abschütten.
2. Zwiebeln schälen und fein würfeln.
3. Butter in einem Topf erhitzen und die Zwiebeln darin glasig schwitzen.
4. Gemüsebrühe auffüllen, Linsen zufügen und 20 min köcheln lassen.
5. Lorbeerblatt, Lauch und Karotten zugeben und weitere 10 Minuten köcheln lassen.
6. In einem kleinen Topf für die Einbrenne 2 EL Butter erhitzen, das Mehl zufügen und schnell mit einem Schneebesen verrühren.
7. Zu den Linsen geben und mit saurer Sahne, Salz und Pfeffer abschmecken.
8. Linsen in tiefen Tellern servieren und mit Petersilie dekorieren.

Pikanter Cajun Lachs

Zubereitung für: 1 Person | **Zubereitungszeit:** ca. 45 Minuten

Nährwerte p.P: 464 kcal | **Fett:** 6g | **Protein:** 36g | **Kohlenhydrate:** 53g

Zutaten:

- 150g Wildlachsfilets
- 80 g Couscous
- ½ Zitrone
- 1 EL Cajun Gewürzmischung
- Salz und Pfeffer
- 1 Knoblauchzehen
- 100g Brokkoli
- 1 Zucchini

Zubereitung:

1. Backofen auf 160C vorheizen.
2. Zucchini mit einem Sparschäler in feine Streifen schneiden. Brokkoli putzen, waschen und in kleine Rüschen zerteilen.
3. Brokkoli Röschen auf ein gefettetes Backblech legen und mit den Zucchini Streifen belegen.
4. Knoblauch und Zitrone hinzufügen, mit Salz und Pfeffer würzen und mit einigen Tropfen Olivenöl beträufeln.
5. Lachs waschen und mit Küchenpapier vorsichtig trockentupfen Anschließend mit Olivenöl und Cajun Gewürz einreiben.
6. Lachs mit der Hautseite nach oben auf das Gemüsebett legen.
7. Backblech mit Lachs und Gemüse in den Ofen schieben und etwa 25 Minuten lang garen.
8. Temperatur auf 200C erhöhen und für weitere 5 Minuten garen, so dass die haut knusprig wird.
9. Couscous gemäß der Packungsanleitung zubereiten.
10. Couscous auf Tellern verteilen und den Lachs und das Gemüse darüber anrichten.

Asiatisches Teriyaki Rindfleisch

Zubereitung für: 2 Person | **Zubereitungszeit:** ca. 35 Minuten

Nährwerte p.P: 395 kcal | **Fett:** 19g | **Protein:** 32g | **Kohlenhydrate:** 26g

Zutaten:

- 75 ml Sojasauce
- 25 ml Teriyaki Sauce
- 120 ml Wasser
- 2 TL Maisstärke
- 5 El Ahornsirup
- 1 Knoblauchzehe
- 30 g Ingwer
- 1 TL Kokosöl
- 2 Rumpsteaks
- 2 Zucchini
- 1 gelbe Paprika
- 1 rote Paprika
- 75 g Edamame Bohnen
- 1 EL Sesamsamen

Zubereitung:

1. Sojasauce, Teriyaki Sauce, Wasser und Speisestärke verrühren. Sauce in einen kleinen Topf geben, erhitzen und so lange köcheln, bis eine dickflüssige Konsistenz entsteht.
2. Knoblauchzehe und Ingwer schälen. Knoblauch fein hacken und Ingwer reiben. Zur Sauce geben. Ahornsirup zugeben, Sauce vom Herd nehmen und abkühlen lassen.
3. Rumpsteaks waschen und mit Küchenpapier trockentupfen und in Streifen schneiden.
4. In einem Wok das Kokosöl erhitzen und das Fleisch darin für drei bis vier Minuten anbraten.
5. Zucchini waschen und in Spiralen oder feine Streifen schneiden. Paprika halbieren, entkernen, waschen und in feine Streifen schneiden.

6. Paprika und Zucchini in den Wok zu dem Fleisch geben und für weitere 2 - 3 Minuten braten.
7. Vorbereitete Sauce und Edamame Bohnen hinzufügen. Gut verrühren.
8. Gericht auf Tellern anrichten und mit Sesam überstreuen.
9. Dazu kann Reis gereicht werden.

Pikante Puten Burger

Zubereitung für: 2 Person | **Zubereitungszeit:** ca. 1H

Nährwerte p.P: 429 kcal | **Fett:** 8g | **Protein:** 33g **Kohlenhydrate:** 52g

Zutaten:

- 1 Teelöffel Kokosöl
- 50g Haferflocken
- 200g Putenhack
- Salz & Pfeffer
- ½ frische Chili
- 50g rote Zwiebel
- ½ Limette
- 2 Burger Brötchen

Zubereitung:

1. Putenhack in eine große Schüssel geben.
2. Zwiebel schälen und fein hacken, Chili und Limette hacken und alles zum Putenhack geben. Mit Salz und Pfeffer abschmecken.
3. Haferflocken und geschmolzenes Kokosöl zugeben und zu einer ebenmäßigen Masse verrühren.
4. Backofen auf 180C vorheizen. Ein Backblech mit Backpapier auslegen.
5. Zwei Hamburger aus der Putenmasse formen und auf das Backblech legen und 20 Minuten backen.
6. Burger Brötchen aufschneiden und mit Salatblättern belegen. Hamburger darauf geben und Brötchen zuklappen.

Taler aus Blumenkohl mit Frischkäse

Zubereitung für: 2 Personen | **Zubereitungszeit:** ca. 45 Minuten

Nährwerte p.P: 455 kcal | **Fett:** 21g | **Protein:** 50g | **Kohlenhydrate:** 13g

Zutaten:

- 400 g Blumenkohl
- 100 g Parmesan
- 2 Eier
- 400 g Speisequark
- 100 ml Milch
- 15 g, Schnittlauch
- 15 g Petersilie
- 15 g Kresse
- 15 g Dill
- Muskat, Kräutersalz
- Salz und Pfeffer

Zubereitung:

1. Blumenkohl waschen und auf einer Raspel grob reiben. Parmesan Käse reiben.
2. Blumenkohl und Parmesan in einer Schüssel mit den Eiern, Salz, Pfeffer und Muskat vermischen.
3. Backofen auf 200C vorheizen und ein Backblech mit Backpapier auslegen.
4. Aus der Blumenkohlmasse sechs flache Taler bilden und auf das Backpapier legen.
5. Im Ofen 20 bis 25 Minuten backen, bis die Taler gold-braun sind.
6. Kresse, Schnittlauch, Petersilie und Dill putzen, waschen und hacken.
7. Milch und Quark vermischen, die Kräuter darunterziehen und mit Kräutersalz und Pfeffer würzen.
8. Jeweils drei Blumenkohl Taler auf einem Teller anrichten und mit dem Kräuter Quark toppen.

Low Carb Pad Thai

Zubereitung für: 1 Person | **Zubereitungszeit:** ca. 35 Minuten
Nährwerte p.P: 422 kcal | **Fett:** 18g | **Protein:** 58g | **Kohlenhydrate:** 4g

Zutaten:

- 1 Möhre
- 1 Lauchzwiebel
- 1 Knoblauchzehe
- 1 kleine Chilischote
- 200 g Hähnchenbrust
- 100 g Low Carb Nudeln
- 2 TL Erdnussöl
- 2 EL Sojasoße
- 1 EL Tamarindenpaste
- 1 Ei
- 1 Bio-Limette
- 1 TL ungesalzene Erdnüsse

Zubereitung:

1. Low Carb Nudeln nach der Packungsanleitung kochen und reservieren.
2. Hähnchenbrust in kleine Stücke schneiden.
3. Möhre schälen, waschen und in kleine Stifte schneiden. Lauchzwiebel putzen, waschen und in Ringe schneiden. Knoblauchzehe schälen und mit dem Messerrücken zerdrücken. Chilischote putzen, entkernen und in feine Streifen schneiden.
4. Öl in einer großen Pfanne erhitzen und die Hähnchenstückchen darin unter Rühren knusprig braten. Aus der Pfanne nehmen.
5. Gemüse, Chili und Knoblauch in die Pfanne geben und kurz anbraten, dann die Sojasoße und die Tamarindenpaste zugeben.
6. Das Hähnchenfleisch erneut in die Pfanne geben. Nudeln dazugeben und kurz erhitzen.
7. Ei in einer Schüssel aufschlagen und mit Limettensaft verquirlen, übe die Pfanne geben. Kurz stocken lassen und dann vorsichtig unterheben.
8. Pad Thai auf zwei Tellern verteilen und mit den gehackten Erdnüssen toppen.

Thunfisch Pizza Low Carb

Zubereitung für: 1 Person | **Zubereitungszeit:** ca. 1H

Nährwerte p.P: 261 kcal | **Fett:** 7g | **Protein:** 36g | **Kohlenhydrate:** 11g

Zutaten:

- 1 Ei
- 60 g geriebener Käse
- 60 g Quark
- 2 EL Tomatenmark
- 2 EL passierte Tomaten
- 1 Dose Thunfisch
- 4 Kirschtomaten
- 1 Handvoll Rucola
- 1 kleine rote Zwiebel
- 30g Parmesan

Zubereitung:

1. In einer Schüssel Ei, geriebenen Käse und Quark vermengen, so dass ein glatter Teig entsteht.
2. Backofen auf 180C vorheizen. Teig rund formen und auf ein gefettetes Backblech legen. Im Ofen für etwa 15 Minuten backen.
3. Passierte Tomaten mit Tomatenmark verrühren und pikant mit Salz und Pfeffer abschmecken.
4. Thunfisch abtropfen lassen und mit einer Gabel zerteilen.
5. Rucola waschen und trockentupfen. Kirschtomaten waschen und vierteln, Zwiebeln schälen und in Ringe schneiden.
6. Pizza aus dem Ofen nehmen. Die Tomatensauce darüber verteilen und dann mit Thunfisch, Tomaten und Zwiebeln belegen. Weiter 15 Minuten in den Ofen geben.
7. Pizza aus dem Ofen nehmen. Mit Rucola belegen und mit Parmesan Käse bestreuen.

Zucchini Nudeln mit Garnelen

Zubereitung für: 2 Person | **Zubereitungszeit:** ca. 50 Minuten
Nährwerte p.P: 386 kcal | **Fett:** 27g | **Protein:** 27g | **Kohlenhydrate:** 5g

Zutaten:

- 300 g Garnelen
- 60 ml Olivenöl
- 60 g Zwiebeln
- 2 Knoblauchzehen
- 1 El rote Pfeffer-Flocken
- 400 g Cherry-Tomaten
- 20 g Butter
- 15 g Frischer Basilikum
- 4 Zucchini
- Saft von 1 Zitrone
- 1 Schuss Weißwein

Zubereitung:

1. Zucchini waschen und mit einem Spiralschneider in Spaghetti form schneiden. Zwiebel schälen und würfeln, Knoblauchzehen schälen und fein hacken.
2. Die Hälfte des Olivenöls in einer Pfanne erhitzen und die Garnelen zugeben. Mit Salz, Pfeffer und roten Pfeffer-Flocken würzen. Die Garnelen drei bis vier Minuten braten, bis sie eine rosa Farbe annehmen. Aus der Pfanne nehmen und reservieren.
3. Zwiebeln in die Pfanne geben und dünsten, bis sie glasig werden. Knoblauch dazu geben und für 30 Sekunden braten. Dann mit Weißwein ablöschen und den Bratenfonds durchrühren lösen.
4. Cherrytomaten in die Pfanne geben, Pfanne mit einem Deckel verschließen und drei bis vier Minuten köcheln lassen. Die Tomaten sollten leicht aufplatzen.
5. Zitrone auspressen. Basilikum waschen und hacken.
6. Butter, Zitronensaft, Garnelen, Basilikum und ½ El rote Pfefferflocken hinzugeben und so lange küchein lassen, bis die Butter geschmolzen ist.
7. In einer beschichteten Pfanne 30 ml Olivenöl erwärmen. Zucchini Nudeln zugeben und zwei Minuten andünsten. Dabei die Pfanne konstant schwenken. Aus der Pfanne nehmen.
8. Zucchini Nudeln zu der Garnelen- Tomatenmischung geben und gründlich vermengen. Mit frischem Basilikum dekoriert servieren.

Miso Rahmensuppe mit Huhnbrust

Zubereitung für: 2 Person | **Zubereitungszeit:** ca. 1H

Nährwerte p.P: 707 kcal | **Fett:** 15g | **Protein:** 60g | **Kohlenhydrate:** 73g

Zutaten:

- 1 Stück frischer Ingwer
- 1 Knoblauchzehe
- 2 rote Chilischoten
- 75 g Babyblattspinat
- 80 g Mungobohnensprossen
- 2 Möhren
- 100 g Champignons
- 2 Lauchzwiebeln
- 4 EL Öl
- 2 TL Gemüsebrühe
- 4 EL Sojasoße
- 2 EL Reiswein
- 2 EL Misopaste
- 400 g Huhnbrust
- 250 g Rahmennudeln
- 4 Eier
- Salz und Pfeffer

Zubereitung:

1. Knoblauch und Ingwer schälen und fein hacken. Chilischoten aufschneiden, entkernen, waschen und in feine Streifen schneiden. Spinat und Mungobohnensproßen putzen, waschen und abtropfen lassen. Möhren schälen, waschen und in Stifte schneiden. Champignons putzen, waschen und blättern. Lauchzwiebel putzen, waschen und in Ringe schneiden.
2. 2 EL Öl in einem Topf heiß werden lassen und Ingwer, Knoblauch und Chili kurz darin anschwitzen. Mit ½ L Wasser ablöschen und die Brühe einrühren und aufkochen lassen. Misopaste, Reiswein und Sojasoße zufügen.

3. Die Huhnbrust waschen, trockentupfen und im Ganzen in die Brühe geben. Für etwa 20 Minuten in der Brühe bei geringer Hitze garziehen lassen.
4. 2 L Wasser in einem Topf zum Kochen bringen und die Ramen Nudeln darin kochen.
5. In einem weiteren Topf die Eier wachsweich kochen. Die Eier abgießen, abschrecken, pellen und halbieren.
6. Fleisch in dünne Scheiben schneiden.
7. Fleisch, Gemüse, Ramen Nudeln und Eier in vier Schalen verteilen und mit der Miso Brühe übergießen.

Abendessen

Kartoffelsalat mit Thunfisch und Ei

Zubereitung für: 1 Person | **Zubereitungszeit:** ca. 35 Minuten

Nährwerte p.P: 413 kcal | **Fett:** 9g | **Protein:** 45g | **Kohlenhydrate:** 35g

Zutaten:

- 75 g Grüne Bohne aus der Tiefkühltruhe
- 1 Dose Thunfisch im eigenen Saft
- 3 Cherry Tomaten
- 200g gekochte Kartoffel
- 1 gekochtes Ei
- 1 EL Olivenöl
- 1 EL Balsamico
- 1 TL Petersilie
- Salz und Pfeffer nach Geschmack

Zubereitung:

1. Bohnen in Salzwasser aufkochen lassen.
2. Thunfisch in einem Sieb abtropfen lassen.
3. Kartoffeln in Scheiben schneiden und Tomaten halbieren, das Ei vierteln.
4. Alle Zutaten schichtweise auf einem Teller anrichten.
5. Öl, Essig, Salz und Pfeffer verrühren und über den Salat träufeln.
6. Zum Schluss mit gehackter Petersilie bestreuen.

Würzige Miso – Ramen Suppe

Zubereitung für: 2 Personen | **Zubereitungszeit:** ca. 45 Minuten

Nährwerte p.P: 390 kcal | **Fett:** 12g | **Protein:** 36g | **Kohlenhydrate:** 35g

Zutaten:

- 200 g Rinderfilet
- 125 g Ramen Nudeln
- 1 kleiner Ingwer
- 1 Knoblauchzehe
- 1 rote Chilischote
- 50 g Babyblattspinat
- 40 g Mungobohnensprossen
- 1 Möhre
- 50 g Champignons
- 1 Lauchzwiebeln
- 2 EL Öl
- 1 TL Instant Gemüsebrühe
- 2 EL Sojasoße
- EL Misopaste
- 2 Eier
- Salz und Pfeffer

Zubereitung:

1. Ingwer und Knoblauch schälen und dann fein hacken. Chilischote waschen, entkernen und in Streifen schneiden.
2. Spinat, Möhren, Sprossen und Lauchzwiebel putzen, waschen und zerkleinern.
3. Ingwer, Knoblauch und Chili in einem Topf mit heißem Öl kurz andünsten. Mit 1 Liter Wasser ablöschen und die Brühe zugeben und aufkochen.
4. Mit Sojasoße und Misopaste abschmecken.
5. Das Rinderfilet ganz in die Brühe geben und bei schwacher Hitze etwa 30 Minuten ziehen lassen.
6. In einem Topf Wasser zum Kochen bringen und Ramen gemäß der Packungsanleitung zubereiten.

7. Eier hart kochen, abschrecken, pellen und halbieren.
8. Fleisch aus der brühe nehmen und in dünne Scheiben schneiden.
9. Fleisch, Gemüse und Rahmen in Suppenschalen anrichten und mit der Brühe übergießen.

Mexikanische Quesadillas mit raffinierter Füllung

Zubereitung für: 2 Personen | **Zubereitungszeit:** ca. 50 Minuten

Nährwerte p.P: 530 kcal | **Fett:** 17g | **Protein:** 33g | **Kohlenhydrate:** 58g

Zutaten:

- 150 g Hähnchenbrust
- 8 mittelgroße Tortillas
- 80 g Ziegenkäse
- 2 EL geriebener Emmentaler
- 2 EL frischer Koriander
- #¼ Zwiebel
- 120 g Mais aus der Dose
- 2 TL Olivenöl
- Salz und Pfeffer

Zubereitung:

1. Fleisch in Würfel schneiden. Ziegenkäse und Emmentaler Käse vermischen.
2. Koriander waschen und hacken. Zwiebeln schälen und in Würfel schneiden.
3. Fleisch und Zwiebelwürfel in 1 Tl Öl anbraten. Mais hinzugeben und mit Salz und Pfeffer würzen.
4. Einige Minuten dünsten und vom Herd nehmen. Mit Koriander würzen.
5. Vier Tortillas mit der Käsemischung belegen, Fleischmasse darauf verteilen und mit den restlichen vier Tortillas bedecken.
6. Restliches Olivenöl in eine saubere Pfanne geben und die Quesadillas darin von jeder Seite drei Minuten erhitzten, so dass der Käse schmilzt.
7. Quesadillas auf Tellern anrichten.

Pikante Lachs Spieße

Zubereitung für: 2 Personen | **Zubereitungszeit:** ca. 40 Minuten

Nährwerte p.P: 401 kcal | **Fett:** 25g | **Protein:** 40g | **Kohlenhydrate:** 14g

Zutaten:

- 300 g Lachs
- 1 Limette
- 1 EL Chilisauce
- 1 Avocado
- 8 Kirschtomaten
- 200 g Grünkohl
- 200 g Kidneybohnen aus der Dose
- 1 rote Paprika
- 1 EL frischer Koriander
- 2 EL Olivenöl
- Salz und Pfeffer

Zubereitung:

1. Limetten auspressen und mit Chilisauce vermischen. Vorher etwa 1 Teelöffel Limettensaft reservieren.
2. Lachs in große Würfel Schneiden und auf Spieße ziehen. Dann wird der Lachs mit dem Limetten-Chilisaft beschmiert.
3. Avocado schälen und würfeln, Tomaten waschen und halbieren, Koriander fein hacken. In einer Schüssel vermischen und mit ein wenig Limettensaft, Salz und Pfeffer abschmecken.
4. 1 EL Olivenöl in einer Pfanne erhitzen und die Lachsspieße darin drei bis vier Minuten von jeder Seite braten. Spieße entnehmen.
5. Das restliche Öl in die Pfanne geben. Grünkohl hacken und Paprika in Streifen schneiden und zusammen mit den Bohnen kurz in der Pfanne anbraten.
6. Gemüsemischung auf Tellern anrichten. Die Lachsspieße darüberlegen. Mit dem Avocado servieren.

Brokkoli - Käse-Omelett

Zubereitung für: 1 Person | **Zubereitungszeit:** ca. 30 Minuten

Nährwerte p.P: 317 kcal | **Fett:** 20g | **Protein:** 28g | **Kohlenhydrate:** 4g

Zutaten:

- 150 g Brokkoli
- 3 Eier
- 50 g geriebener Käse nach Belieben
- 1 Schuss Milch
- ½ Zehe Knoblauch
- ½ Schalotte
- Salz und Pfeffer

Zubereitung:

1. Brokkoli in Röschen zerteilen und in Salzwasser bissfest kochen.
2. Knoblauch und Schalotte schälen und kleinhacken.
3. Milch und Eier gründlich verquirlen.
4. Öl in einer Pfanne erhitzen. Knoblauch, Schalotte und Brokkoli kurz darin schwenken. Gemisch aus Milch und Ei dazugeben.
5. Omelette bei mittlerer Temperatur langsam garen lassen.
6. Omelette aus der Pfanne nehmen, mit Käse, Salz und Pfeffer bestreuen und in der Mitte zusammengeklappt auf einem Teller anrichten.

Quinoa-Eier Pfanne

Zubereitung für: 1 Person | **Zubereitungszeit:** ca. 40 Minuten

Nährwerte p.P: 459 kcal | **Fett:** 23g | **Protein:** 25g | **Kohlenhydrate:** 37g

Zutaten:

- 50 g Quinoa
- 100 g Zucchini
- 5 g Kirschtomaten
- 2 Frühlingszwiebeln
- 50 g Feta
- 2 Eier
- 1 TL Rapsöl
- Salz und Pfeffer

Zubereitung:

1. Quinoa abspülen und anschließend wie auf der Packung beschrieben zubereiten.
2. Zucchini, Tomaten und Zwiebeln in kleine Stücke schneiden.
3. Öl in einer Pfanne erhitzen und Gemüse zugeben, mit Pfeffer und Salz würzen.
4. Feta leicht zerbröseln und zusammen mit der Quinoa zu dem Gemüse geben.
5. Das Gemüse zur Seite schieben, so dass in der Mitte eine Mulde entsteht.
6. Ei in der Mulde aufschlagen und stocken lassen.
7. Wird das Ei fester gewünscht, so kann man die Pfanne noch für einige Minuten in den bei 200C vorgeheizten Ofen gegeben werden.

Steak mit Kartoffeln

Zubereitung für: 1 Person | **Zubereitungszeit:** ca. 1H
Nährwerte p.P: 467 kcal | **Fett:** 17g | **Protein:** 39g | **Kohlenhydrate:** 41g

Zutaten:

- 150 g Rinderfilet
- 200 g Kartoffeln
- 1 Paprikaschote
- 1 Zehen Knoblauch
- 2 EL Magerquark
- 3 EL Naturjogurt
- ¼ Bund Schnittlauch
- ½ TL Pfefferschoten
- 2 EL Sahne
- 1 TL Butterschmalz
- 1 TL Öl
- Salz und Pfeffer

Zubereitung:

1. Filet waschen, mit Küchenpapier trocknen und mit Salz und Pfeffer würzen.
2. Den Backofen auf eine Temperatur von 200C vorheizen.
3. Kartoffeln waschen und in Alufolie einwickeln und im Ofen für 40 Minuten backen.
4. Paprikaschoten entkernen, waschen und in Streifen schneiden. Pfefferschote und Petersilie fein hacken, Knoblauchzehe zerdrücken.
5. Während die Kartoffeln im Ofen sind, wird in einem Topf Öl erhitzt. Paprikaschote im Öl andünsten.
6. Eine der zerdrückten Knoblauchzehen, in die Sahne und die Pfefferschoten zugeben und bedeckt für etwa 15 Minuten garen lassen. Mit Salz abschmecken und warmstellen.
7. Aus Quark, Joghurt, der verbleibenden Knoblauchzehe und dem Schnittlauch einen Dipp anrühren. Mit Salz und Pfeffer abschmecken.
8. Butterschmalz in einer Pfanne erhitzen und das Steak darin von beiden Seiten braten.
9. Steak mit dem Paprikasauce auf dem Teller anrichten.
10. Die Kartoffeln aus dem Ofen nehmen und oben einritzen. Auf den Teller legen und Mit dem Quarkdipp toppen.

Knoblauchsteak

Zubereitung für: 1 Person | **Zubereitungszeit:** ca. 1H

Nährwerte p.P: 359 kcal | **Fett:** 17g | **Protein:** 39g | **Kohlenhydrate:** 12g

Zutaten:

- 1 Filetsteak a 200 g
- 1 TL Kräuter der Provence
- 1 EL Olivenöl
- Salz, Pfeffer aus der Mühle
- 2 Schalotten
- 1 Knoblauchzehen
- Saft von 1 Orange
- ¼ gebundene Bratensauce
- 1 Orange

Zubereitung:

1. Filetsteak gründlich waschen, trockentupfen und mit Kräutern der Provence einreiben.
2. Olivenöl in einer Pfanne erhitzen und die Steaks darin braten. Herausnehmen und warmstellen.
3. Schalotten und Knoblauch schälen, fein würfeln und in dem verbliebenen Bratenfett glasig schwitzen.
4. Mit Orangensaft ablöschen und mit der gebundenen Bratensauce aufgießen. Die Sauce etwa 5 Minuten köcheln lassen.
5. Orange schälen, in Scheiben schneiden und jede Scheibe in kleine Ecken zerschneiden, in der Sauce erhitzen.
6. Sauce abschmecken und auf die Teller verteilen. Filetsteaks darauf geben. Dazu kann man einen gemischten Salat servieren.

Krabbenpfanne

Zubereitung für: 1 Person | **Zubereitungszeit:** ca. 1H

Nährwerte p.P: 404 kcal | **Fett:** 19g | **Protein**: 45g | **Kohlenhydrate:** 11g

Zutaten:

- 150 g Krabben
- 200 g gemischtes Gemüse aus der Tiefkühltruhe
- ½ EL Butter
- ½ Zwiebel
- 1 Tasse Gemüsebrühe
- 2 Eier
- Salz, Pfeffer aus der Mühle
- Cayennepfeffer
- 1 Handvoll Dill

Zubereitung:

1. Zwiebel schälen und fein hacken.
2. Butter in einer Pfanne erhitzen und die Zwiebel darin glasig werden lassen.
3. Mischgemüse auftauen, zu den Zwiebeln geben und kurz mitschwitzen. Mit Gemüsebrühe auffüllen und bei mittlerer Hitze 10 Minuten garen.
4. Krabben untermischen und erhitzen, mit Salz, Pfeffer aus der Mühle und Cayennepfeffer kräftig abschmecken.
5. Dill verlesen, waschen und kleinhacken und unter die Krabben- Gemüsemischung heben.
6. Eier in Essigwasser pochieren.
7. Krabbenpfanne dekorativ anrichten. Die pochierten Eier aufschneiden und darüberlegen.

Avocado - Tomatensalat mit Rindfleisch

Zubereitung für: 2 Personen | **Zubereitungszeit:** ca. 50 Minuten

Nährwerte p.P: 318 kcal | **Fett:** 14g | **Protein:** 28g | **Kohlenhydrate:** 22g

Zutaten:

- 250 g Rindersteak
- ½ mittelgroße Limette
- 1 TL Honig
- 1 TL Chilisauce
- 1 TL Sojasauce
- 2 EL Rapsöl
- ½ Kopf Salat nach Wahl
- 8 Cherry Tomaten
- 1 rote Zwiebel
- ½ Salatgurke
- 1 Avocado
- ¼ Bund Koriander

Zubereitung:

1. Gusseiserne Grillpfanne auf mittlere Temperatur erhitzen.
2. Rindersteak mit Salz und Pfeffer würzen und von beiden Seiten etwa 15 - 20 Minuten braten.
3. Fleisch aus der Pfanne nehmen, in Alufolie wickeln und ruhen lassen.
4. Limettensaft, Honig, Chilisauce und Sojasauce in einer kleinen Schüssel zu einem Dressing verarbeiten. Mit Pfeffer und Salz abschmecken.
5. Das Gemüse waschen und putzen. Salatgurke in feine Scheiben schneiden, Tomaten halbieren, Zwiebel in Ringe schneiden. Die Avocado schälen, den Kern entfernen und das Fruchtfleisch dann würfeln. Der Salat wird in mundgerechte Stücke gezupft.
6. Rindersteak mit einem scharfen Messer gegen die Faser in Streifen schneiden.
7. Alle Zutaten in eine Schüssel geben und vermengen.
8. Mit dem vorbereiteten Dressing übergießen.

Bunte Salatschüssel mit Ei und Hähnchen

Zubereitung für: 1 Person | **Zubereitungszeit:** ca. 35 Minuten

Nährwerte p.P: 444 kcal | **Fett:** 20g | **Protein:** 54g | **Kohlenhydrate:** 10g

Zutaten:

- 200 g Hähnchenbrust Filets
- 4 Scheiben Bacon
- 1 EL Olivenöl
- ½ rote Zwiebel
- 2 Tomaten
- ½ Avocado
- 2 hart gekochte Eier
- 100 g Kopfsalat
- 50 g Blauschimmelkäse
- 1 EL Olivenöl
- 1 EL Essig
- 1 TL Dijon-Senf

Zubereitung:

1. Hähnchenbrust in etwa fingerdicke Scheiben schneiden.
2. Öl in einer Pfanne erhitzen und Hähnchenscheiben zusammen mit dem Bacon braten.
3. Tomaten waschen und würfeln, Zwiebel schälen und hacken, Avocado schälen, Kern entfernen und in Würfel schneiden. Salat waschen und in bissgerechte Stücke schneiden. Das gekochte Ei pellen und in Spalten schneiden.
4. Gemüse, Ei, Hähnchenfleisch und Bacon mischen und den zerkrümelten Blauschimmelkäse darüber streuen.
5. Olivenöl, Essig und Dijon-Senf zu einem Dressing verrühren und über den Salat träufeln.

Auflauf mit Thunfisch und Kartoffeln

Zubereitung für: 2 Personen | **Zubereitungszeit:** ca. 1H

Nährwerte p.P: 380 kcal | **Fett:** 15g | **Protein:** 33g | **Kohlenhydrate:** 28g

Zutaten:

- 200g festkochende Kartoffeln
- 1 Zucchini
- 1 rote und 1 gelbe Paprika
- 3 Tomaten
- 1 Dose Thunfisch
- 1 TL Rapsöl
- 1 Ei
- 1 TL Gemüsebrühe
- 200 g körniger Frischkäse
- 4 EL BBQ Sauce
- 30 g geriebener Emmentaler
- Salz, Pfeffer, Muskat, Basilikum, Chili

Zubereitung:

1. Kartoffeln schälen, waschen und in dünne Scheiben schneiden.
2. Zucchini, Tomaten und Paprika putzen, waschen und würfeln. Thunfisch abtropfen lassen.
3. Öl in einer Pfanne erhitzen, Kartoffeln, Gemüse und Thunfisch darin etwa drei Minuten schwitzen. Mit Salz Pfeffer, Basilikum, Chili und Muskat abschmecken.
4. Ei mit einem Schneebesen verquirlen. Gemüsebrühe und Frischkäse zufügen.
5. Backofen auf 175C vorheizen.
6. Gemüse und Ei-Masse in eine gefettete Auflaufform schichten, mit geriebenem Käse bestreuen.
7. Bei 175C etwa 40 Minuten backen.
8. In Auflaufform servieren und dazu BBQ Sauce reichen.

Mediterrane Zucchini Pfanne

Zubereitung für: 1 Person | **Zubereitungszeit:** ca. 45 Minuten

Nährwerte p.P: 471 kcal | **Fett:** 12g | **Protein:** 18g | **Kohlenhydrate**: 75g

Zutaten:

- 2 Zucchini
- 3 EL Tomatenmark
- 80 g Fetakäse
- 80 g Langkornreis
- ½ Zwiebel
- 3 TL klare Brühe
- 500 ml Wasser
- 2 EL Olivenöl

Zubereitung:

1. Zucchini putzen, waschen und in Scheiben schneiden, Zwiebel schälten und in Spalten schneiden. Feta würfeln.
2. Olivenöl in einer Pfanne erhitzen und Gemüse darin anschwitzen.
3. Langkornreis waschen, zu dem Gemüse geben und kurz mit anschwitzen Tomatenmark zufügen und gut verrühren.
4. Klare Brühe in 500 ml Wasser auflösen und zugeben.
5. Kurz aufkochen lassen und dann bedeckt zirka 20 Minuten köcheln.
6. Wenn der Reis gar ist, werden die Feta Würfel zugegeben und die Pfanne ist zum Servieren fertig.

Bunte Burrito Bowl

Zubereitung für: 1 Person | **Zubereitungszeit:** ca. 30 Minuten

Nährwerte p.P: 695 kcal | **Fett:** 14g | **Protein:** 53g | **Kohlenhydrate**: 85g

Zutaten:

- 80 g Reis
- 150g Hähnchenbrustfilet
- ½ Zwiebel
- 5 Kirschtomaten
- ½ Dose Mais
- ½ Dose Kidney Bohnen
- ½ Avocado
- paar Nachos
- 1 EL Olivenöl
- Saft 1 Limette
- 2 EL saure Sahne
- Salz, Pfeffer, Chili, Paprika

Zubereitung:

1. Reis wie gewohnt kochen.
2. Avocado schälen, entkernen und würfeln, Zwiebeln schälen und würfeln. Tomaten waschen und halbieren. Mais abtropfen lassen.
3. Hähnchenbrustfilets würzen. In einer Pfanne Öl erhitzen und die Filets darin braten.
4. Auf einem großen Teller die Hähnchenbrustfilets in der Mitte anrichten. Rings um die Hähnchenfilets die anderen Zutaten anrichten.
5. Aus saurer Sahne, Limettensaft, Olivenöl und den Gewürzen ein Dressing zubereiten und über den angerichteten Zutaten verteilen.
6. Nachos zerkleinern und gleichmäßig über die Zutaten streuen.

Saftiges Rindersteak mit Bärlauch Topping

Zubereitung für: 2 Personen | **Zubereitungszeit:** ca. 50 Minuten
Nährwerte p.P: 438 kcal | **Fett:** 26g | **Protein:** 34g | **Kohlenhydrate:** 9g

Zutaten:

- 250 g Rindersteak aus der Hüfte
- 40 g Bärlauch
- 200 g Grüner Spargel
- 200 g Erdbeeren
- 2 EL geriebene Mandeln
- 1 EL Olivenöl
- 2 EL gehackte Cashewkerne
- ½ Zitrone
- 2 TL Senf
- 3 Zweige Basilikum
- 1 EL Balsamico
- Salz und Pfeffer

Zubereitung:

1. Erdbeeren putzen, waschen und in Viertel schneiden.
2. Aus gehacktem Basilikum, Olivenöl, Balsamico und Zitronensaft eine Marinade herstellen und die Erdbeeren damit übergießen. Im Kühlschrank ruhen lassen.
3. Bärlauch waschen und hacken. Olivenöl, Zitronensaft und Senf dazugeben und gut vermischen. Gehackte Cashewkerne und geriebene Mandeln einrühren. Mit Salz und Pfeffer abschmecken.
4. Spargel putzen und waschen. Olivenöl in einer Pfanne erhitzen und den Spargel darin kurz anbraten. Hitze reduzieren und einige Minuten weiter braten. Dabei ständig rühren.
5. In einer weiteren Pfanne Öl erhitzen. Das Steak würzen und scharf anbraten. Steak aus der Pfanne nehmen und auf ein gefettetes Backblech legen.
6. Backofen auf 200C vorheizen. Steak mit Bärlauch Mischung bestreichen.
7. Blech in den Ofen geben und für 10 Minuten auf 200C backen, Temperatur auf 160 C reduzieren und für drei weitere Minuten fertig backen.
8. Steak auf Tellern anrichten und Spargel sowie die marinierten Erdbeeren dekorativ daneben anordnen.

Überbackene Hähnchenbrust im Gemüsebett

Zubereitung für: 2 Person | **Zubereitungszeit:** ca. 45 Minuten

Nährwerte p.P: 337 kcal | **Fett:** 12g | **Protein**: 47g | **Kohlenhydrate: 7g**

Zutaten:

- 300g Hähnchenbrustfilets
- 2 Zucchini
- 150 g Tomaten
- ½ rote Paprika
- 100 g Mozzarella
- ½ Zitrone
- 2 TL Tabasco
- 2 TL Olivenöl
- Salz und Pfeffer

Zubereitung:

1. Zitrone auspressen. 2 TL Zitronensaft mit Tabasco vermischen und die Hähnchenbrust damit bestreichen. Restliche Marinade reservieren.
2. Ofen auf 200C vorheizen.
3. Zucchini putzen, waschen und in Scheiben schneiden, Tomaten waschen und halbieren, Paprika putzen, waschen und in Streifen schneiden.
4. Das Gemüse auf ein eingefettetes Backblech legen, mit Salz und Pfeffer würzen und mit ein paar Tropfen Olivenöl beträufeln.
5. Hähnchenbrustfilet auf das Gemüsebett legen und mit der restlichen Marinade einpinseln.
6. Mozzarella gleichmäßig auf beide Hähnchenbrustfilets verteilen.
7. Bei mittlerer Hitze 20 bis 25 Minuten im Backofen garen.
8. Hähnchenfilets in Scheiben schneiden und zusammen mit dem Gemüse auf Tellern anrichten.

Lachsspieße auf Bohnen – Gemüseteller

Zubereitung für: 2 Person | **Zubereitungszeit:** ca. 50 Minuten
Nährwerte p.P: 377 kcal | **Fett:** 23g | **Protein:** 41g | **Kohlenhydrate:** 12g

Zutaten:

- 300 g Lachs
- 1 Limette
- 1 EL Chilisauce
- 1 Avocado
- 10 Kirschtomaten
- 1 EL Koriander
- 2 EL Olivenöl
- 200 g Grünkohl
- 1 Dose Kidney Bohnen
- 2 rote Paprikaschoten

Zubereitung:

1. Limette auspressen und einen EL des Saftes mit der Chilisauce verrühren. Restlichen Saft reservieren.
2. Lachsfilet in gleichgroße Würfel schneiden und auf Bratspieße stecken. Die Spieße in der Limetten- Chili Marinade wälzen.
3. Avocado schälen und entkernen, Tomate waschen. Beide Zutaten in Würfel schneiden. Koriander waschen und hacken.
4. Avocado- und Tomatenwürfel zusammen mit dem Koriander in eine Schüssel geben. Mit 1 TL Limettensaft, Salz und Pfeffer würzen.
5. 1 EL Olivenöl in einer Pfanne erhitzen. Die Lachsspieße darin etwa vier Minuten von jeder Seite bei mittlerer Hitze braten.
6. Grünkohl putzen, waschen und hacken. Paprika entkernen, waschen und in Würfel schneiden.
7. Restliches Öl in die Pfanne geben. Gemüse zusammen mit den Kidney Bohnen darin etwa 5 Minuten anschwitzen.
8. Kidney Bohnen und Gemüse Mischung auf Tellern anrichten. Lachsspieße darüberlegen.

Bunter Putenbrust Salat

Zubereitung für: 1 Person | **Zubereitungszeit:** ca. 35 Minuten

Nährwerte p.P: 330 kcal | **Fett:** 12g | **Protein:** 37g | **Kohlenhydrate:** 14g

Zutaten:

- 150 g Putenbrust
- 1 Handvoll Rucola
- 1 Handvoll Feldsalat
- 4 Radieschen
- ½ rote Paprika
- 1 Tomate
- 1 EL Rapsöl
- 1 EL Weißweinessig
- ½ EL Olivenöl
- ½ TL Senf
- ½ TL Honig
- 1 TL Pinienkerne
- Salz und Pfeffer

Zubereitung:

1. Putenbrust in Streifen schneiden, mit Salz und Pfeffer würzen.
2. Rapsöl in einer Pfanne erhitzen und Putenstreifen darin anbraten.
3. Rucola und Feldsalat putzen und waschen, Radieschen waschen und in Scheiben schneiden. Tomate waschen und würfeln, Paprika entkernen, waschen und würfeln.
4. Aus Weißweinessig, Olivenöl, Senf, Honig, Salz und Pfeffer eine Marinade anrühren.
5. Alle Salatzutaten in eine Schüssel geben und vermengen.
6. Putenstreifen auf dem Salat anrichten.
7. Mit Marinade übergießen und Pinienkerne darüber treuen.
8. Dazu schmeckt ein Vollkornbrötchen.

Asiatische Gemüse - Tofu Pfanne

Zubereitung für: 1 Person | **Zubereitungszeit:** ca. 40 Minuten

Nährwerte p.P: 376 kcal | **Fett:** 21g | **Protein:**23g | **Kohlenhydrate:** 12g

Zutaten:

- 100 g Tofu
- 50 g Zuckerschote
- 1 rote Paprika
- 150 g Brokkoli
- 1 Stange Porree
- 1 Zehe Knoblauch
- 1 EL Honig
- 5 EL Sojasauce
- 2 EL Rapsöl
- 1 Spritzer Limettensaft
- Salz und Pfeffer

Zubereitung:

1. Tofu in Würfel schneiden.
2. Aus Honig und Sojasauce eine Marinade zubereiten und die Tofu Würfel zugeben. Für wenigsten eine Stunde marinieren.
3. Brokkoli putzen, waschen und in Röschen zerteilen. Röschen in Salzwasser blanchieren.
4. Zuckerschoten putzen, waschen und die Enden abschneiden. Paprika entkernen, waschen und würfeln. Porree putzen, waschen und in Ringe schneiden.
5. Ein Sieb über einen Topf legen und Tofu darin abtropfen lassen. Marinade reservieren.
6. 1 EL Rapsöl in einem Wok erhitzen und die Tofu Würfel darin goldbraun rösten.
7. Tofu Würfel aus dem Wok nehmen und warmstellen.
8. Restliches Öl in den Wok geben und das Gemüse darin rund 6 Minuten braten.
9. Knoblauch über das Gemüse pressen.
10. Restliche Marinade und Tofu Würfel zu dem Gemüse geben und umrühren. Mit Salz und Pfeffer nach Geschmack würzen.

Hühnchen - Ziegenkäse Salat

Zubereitung für: 1 Person | **Zubereitungszeit:** ca. 30 Minuten

Nährwerte p.P: 427 kcal | **Fett:** 13g | **Protein:** 57g | **Kohlenhydrate:** 15g

Zutaten:

- 200 g Hähnchenbrust
- 80 g Baby Spinat
- 200 g eingelegte Rote Bete
- 1 EL Walnüsse
- 1 EL Cranberrys
- 50 g Ziegenkäse
- 1 EL Balsamico

Zubereitung:

1. Rote Beete Würfeln, Baby Spinat putzen und waschen. Walnüsse grob hacken.
2. Baby Spinat mit Cranberrys, Walnüssen, Rote Beete mischen.
3. Hähnchenbrust ohne Fett grillen und in Streifen schneiden.
4. Salat auf Tellern anrichten. Hähnchenstreifen und Ziegenkäse über dem Salat anrichten.
5. Mit Balsamico beträufeln.

<u>Eier in Tomatensauce</u>

Zubereitung für: 2 Personen | **Zubereitungszeit:** ca. 40 Minuten

Nährwerte p.P: 389 kcal | **Fett:** 27g | **Protein:** 17g | **Kohlenhydrate:** 17g

Zutaten:

- 150 g Geröstete eingelegte Paprika
- 5 geschälte Tomaten
- 1 Prise Meersalz
- 2 Zehen Knoblauch
- 1/2 Zwiebeln
- 2 EL Olivenöl
- 1 EL Tomatenmark
- 1 1/2 EL Harissa
- Pfeffer nach Geschmack
- 4 Eier
- 4 EL griechischer Joghurt

Zubereitung:

1. Paprika und Tomaten mit ihrem Saft zu einem Püree verarbeiten.
2. Knoblauch schälen, mit dem Meersalz bestreuen und mit dem Messerrücken so lange zerdrücken, bis eine Paste entsteht.
3. Zwiebeln schälen und fein hacken.
4. Öl in einer Panne erwärmen. Zwiebeln und Knoblauch darin unter mittlerer Hitze 1 Minute anschwitzen.
5. Tomatenmark und Harissa zufügen und unter Rühren 2 Minuten garen.
6. Püree aus Tomaten und Paprika hinzufügen und eine weitere Minute garen, umrühren und mit Salz und Pfeffer abschmecken.
7. Eier in einer Tasse aufschlagen. Mit dem Kochlöffel in der Mitte der Pfanne die Sauce an den Rand schieben. Die Eier in die entstandene Öffnung geben.
8. So lange garen, bis das Eiweiß vollkommen gestockt ist, die Dotter jedoch noch weich sind. Mit Salz und Pfeffer würzen.
9. Gericht mit Jogurt toppen.

Thunfisch-Burger "Thai"

Zubereitung für: 2 Personen | **Zubereitungszeit:** ca. 50 Minuten

Nährwerte p.P: 564 kcal | **Fett:** 16g | **Protein:** 56g | **Kohlenhydrate:**47g

Zutaten:

- 3 Eier
- 1 EL Paniermehl
- 1/2 rote Paprika rot
- 2 Dosen Thunfisch im eigenen Saft
- 50 g Mayonnaise
- 50 g Wasserkastanien
- 2 Frühlingszwiebeln
- 1/2 EL grüne Currypaste
- 2 Burger-Brötchen
- 2 EL Chilisauce Sriracha
- 1/4 Gemüsezwiebel
- 3 Blatt Kopfsalat
- 1 EL Butter
- Salz und Pfeffer

Zubereitung:

1. Butter in einer Pfanne auslassen und 2 Spiegeleier darin von einer Seite braten.
2. Paprika entkernen, waschen und würfeln. Wasserkastanien hacken.
3. Thunfisch, Paniermehl, Paprika, Wasserkastanien zusammen mit 25 g Mayonnaise in eine Schüssel vermengen.
4. Currypaste und ein Ei zugeben und gut vermischen. Frühlingszwiebeln putzen, waschen, in Ringe schneiden und ebenfalls unter die Masse heben.
5. Zwei Frikadellen formen und in einer Pfanne von beiden Seiten etwa drei Minuten lang anbraten.
6. Gemüsezwiebel schälen, in Scheiben schneiden und etwa 1 Minute in der Pfanne dünsten.
7. Burger Brötchen aufschneiden und die Hälften im Backofen oder im Toaster leicht anrösten.

8. Salat waschen und 25 g Mayonnaise mit Sriracha Chilisauce vermischen.
9. Sauce dünn auf zwei Brötchenhälften verteilen. Mit Salatblättern belegen, Burger, Spiegelei und gedünstete Zwiebel darauflegen. Die andere Brötchenhälfte darüberlegen.

Hüttenkäse Pizza

Zubereitung für: 2 Personen | **Zubereitungszeit:** ca. 60 Minuten

Nährwerte p.P: 326 kcal | **Fett:** 15g | **Protein:** 24g | **Kohlenhydrate:** 23g

Zutaten:

- 200 g Hüttenkäse
- 50 g Dinkelmehl
- 20 g gemahlene Mandeln
- 1 Spritzer Rapsöl
- 1 Tomate
- 1/2 rote Zwiebel
- 1/2 TL Oregano
- 30 g Parmesan
- Salz, Pfeffer und Chiliflocken zum Würzen

Zubereitung:

1. Backofen auf 200C vorheizen.
2. Ein Backbleck mit Backpapier belegen und leicht einfetten.
3. Zwiebeln schälen, halbieren und in Scheiben schneiden. Tomate waschen und in Würfel schneiden.
4. Den Hüttenkäse in einer Schüssel mit dem Mehl und den Mandeln verrühren und mit Salz, Pfeffer und Chiliflocken abschmecken.
5. Aus der Frischkäsemasse 6 runde Mini Pizzaböden formen und vorsichtig auf das Backblech legen. Im heißen Ofen etwa 8 Minuten backen.
6. Frischkäseböden vorsichtig mit einem Pfannenheber umdrehen und mit Zwiebelscheiben, Tomatenwürfeln und Kräuter belegen. Mit ein wenig Pfeffer würden.
7. Zum Schluss den Parmesan verteilen und weitere 8 Minuten überbacken.

Garnelen-Omelette

Zubereitung für: 1 Person | **Zubereitungszeit:** ca. 30 Minuten

Nährwerte p.P: 299 kcal | **Fett:** 20g | **Protein:** 29g | **Kohlenhydrate:** 1g

Zutaten:

- 100 g Garnelen (tiefgefroren)
- 2 Eier
- 1 TL Butter
- 1 TL Rapsöl
- Salz und Pfeffer
- 3 Zweige Dill

Zubereitung:

1. Rapsöl in einer Pfanne erhitzen und die Garnelen darin anbraten, bis sie leicht gerüstet sind.
2. Eier mit Salz und Pfeffer in einer Schüssel verquirlen.
3. Butter in einer Pfanne auslassen. Eimasse hinzugeben und stocken lassen. Sind die Eier gestockt, wird das Omelett mit einem Pfannenheber vorsichtig umgedreht und von der anderen Seite wie weitere Minute gegart.
4. Omelette auf einen Teller geben, zur Hälfte mit Krabben belegen und zusammenklappen. Mit Dill garnieren.

Hering - Pfifferling Salat

Zubereitung für: 2 Personen | **Zubereitungszeit:** ca. 35 Minuten
Nährwerte p.P: 584 kcal | **Fett:** 43g | **Protein**: 18g | **Kohlenhydrate:** 18g

Zutaten:

- 300 g Pfifferlinge
- 200 g eingelegte Matjes Filets
- 1 EL Butter
- 1 Apfel
- 200 g saure Gurken
- 1 Zwiebel
- ½ Bund Petersilie
- Salz und Pfeffer
- 1 EL Zitronensaft
- 2 EL Öl
- 2 EL Gurkenwasser
- 1 Prise Zucker

Zubereitung:

1. Pfifferlinge putzen. Größere Pilze sollten halbiert werden.
2. Butter in einer Pfanne zerlassen und Pfifferlinge darin anbraten. Mit Salz und Pfeffer würzen und reservieren.
3. Apfel schälen, entkernen und in Würfel schneiden und Zitronensaft darüber tröpfeln.
4. Saure Gurken in einem Sieb über einem Topf abtropfen lassen und den Saft reservieren.
5. Gurken klein würfeln. Zwiebeln schälen und in Würfel schneiden.
6. Matjes Filet abtropfen lassen und in mundgerechte Stücke schneiden. Petersilie waschen und hacken.
7. Aus Öl und Gurkensaft ein Dressing zubereiten und mit Zucker, Salz und Pfeffer abschmecken.
8. Alle Zutaten in einer Schüssel vermengen und das Dressing darüber geben. Eine Stunde durchziehen lassen.
9. Heringssalat auf Tellern anrichten und mit Petersilie garnieren.

Mediterranes Gemüse mit Emmentaler

Zubereitung für: 1 Person | **Zubereitungszeit:** ca. 45 Minuten

Nährwerte p.P: 248 kcal | **Fett:** 19g | **Protein:** 12g | **Kohlenhydrate:** 11g

Zutaten:

- 1 Zucchini
- 1 rote Paprikaschote
- 1 Knoblauchzehe
- 1 EL Olivenöl
- 80 g Emmentaler am Stück
- eine Handvoll Schnittlauch
- ½ Zitrone
- Meersalz und Pfeffer

Zubereitung:

1. Zucchini waschen, der Länge nach halbieren und in Würfel schneiden.
2. Paprika halbieren, entkernen, waschen und in Streifen schneiden.
3. Knoblauchzehe schälen und hacken.
4. In einer Pfanne Öl erhitzen und Zucchini und Paprika anbraten. Das Gemüse dabei konstant wenden und bissfest belassen. Kurz vor Ende er Garzeit wird die zerdrückte Knoblauchzehe zugefügt und kurz mit gebraten. Mit Meersalz und Pfeffer abschmecken und in der Pfanne auskühlen lassen, bis das Gemüse lauwarm ist.
5. Zitrone halbieren und entsaften.
6. Schnittlauch putzen, waschen und hacken.
7. Emmentaler Käse in Stifte schneiden.
8. Gemüse mit Käse, Zitronensaft und Schnittlauch vermischen.
9. Gemüse auf Tellern anrichten und mit Vollkorn Baguette servieren.

Carpaccio mit gratiniertem Spargel

Zubereitung für: 2 Personen | **Zubereitungszeit:** ca. 1H

Nährwerte p.P: 420 kcal | **Fett:** 25g | **Protein:** 34g | **Kohlenhydrate:** 15g

Zutaten:

- 400 g grüner Spargel
- 11 EL Olivenöl
- 20 g Parmesan
- 2 EL Pinienkerne
- 320 g Rinderfilet
- 3 EL Aceto Balsamico
- 1 EL Semmelbrösel
- 2 Stiele Minze
- 2 Stiele Basilikum
- Salz und Pfeffer

Zubereitung:

1. Spargel putzen, die Enden abschneiden, waschen und in Salzwasser zwei Minuten kochen und danach abtropfen.
2. Parmesan Käse reiben und die Pinienkerne in einer Pfanne kurz anrösten.
3. 3Rinderfilet in sehr dünne Scheiben schneiden.
4. Einen Gefrierbeutel mit 1 EL Olivenöl ausfetten und die Rinderfilet Scheiben nebeneinander hineinlegen. Mit einem Fleischklopfer hauchdünn klopfen.
5. Grill des Backofens vorheizen.
6. Eine Auflaufform mit 1 EL Olivenöl einfetten. Den Spargel in der Auflaufform verteilen und mit Salz und Pfeffer würzen. Parmesan über dem Spargel verteilen und Semmelbrösel darüber geben. Für 4 bis 5 Minuten überbacken.
7. Caparccio auf 4 Tellern anrichten, so dass die Scheiben leicht überlappen. Restliches Olivenöl mit Balsamico vermischen und über das Carpaccio geben. Mit Salz und Pfeffer würzen.
8. Spargel über dem Carpaccio anrichten. Mit Pinienkernen bestreuen und mit Minze und Basilikum garnieren.

Indonesisches Hähnchen-Saté

Zubereitung für: 2 Personen | **Zubereitungszeit:** ca. 45 Minuten

Nährwerte p.P: 401 kcal | **Fett:** 18g | **Protein:** 49g | **Kohlenhydrate:** 6g

Zutaten:

- 400 g Hähnchenbrust
- 3 EL Öl
- 1 rote Chilischote
- 150 ml Kokosmilch
- 3 EL Erdnussbutter
- 1 EL helle Sojasoße
- Salz und Pfeffer

Zubereitung:

1. Hähnchenbrust waschen, trockentupfen und in dünne Streifen schneiden.
2. Das Fleisch wellenförmig auf Holzspieße ziehen und mit Salz und Pfeffer würzen.
3. 2 EL Öl in einer Pfanne erhitzen und die Spieße darin von beiden Seiten knusprig anbraten.
4. Chilischote aufschneiden, entkernen, waschen und kleinhacken.
5. 1 EL Öl in einer Pfanne erhitzen und die gehackte Chilischote darin anbraten. Mit Kokosmilch und Sojasoße ablöschen und die Erdnussbutter zugeben, verrühren und mit Salz und Pfeffer abschmecken. Die Sauce ein wenig einköcheln lassen, bis sie dickflüssig wird.
6. Spieße auf den Tellern mit der Sauce anrichten. Dazu schmeckt Fladenbrot.

Protein Shakes

Proteinshake mit Banane

Zubereitung für: 1 Person | **Zubereitungszeit:** ca. 10 Minuten

Nährwerte p.P: 398 kcal | **Fett**: 6g | **Protein:** 35g | **Kohlenhydrate:** 51g

Zutaten

- 200 g Quark
- 1 Banane
- 200 ml Milch
- 1 EL Honig
- 1 EL geriebene Mandeln

Zubereitung:

1. Banane mit einer Gabel zerdrücken und den Quark untermischen.
2. In einem hohen Gefäß Bananen - Quark Mischung mit der Milch aufgießen. Honig und Mandeln hinzufügen.
3. Mit dem Pürierstab so lange mischen, bis eine homogene Flüssigkeit entsteht.

Würziger Protein Shake

Zubereitung für: 1 Person | **Zubereitungszeit:** ca. 10 Minuten

Nährwerte p.P: 331 kcal | **Fett:** 18g | **Protein:** 26g | **Kohlenhydrate:** 16g

Zutaten:

- 150 g Hüttenkäse
- 5 EL Joghurt
- 1 rote Paprika
- 200 ml Milch
- 1 EL Olivenöl
- edelsüßes Paprikapulver

Zubereitung:

1. Paprikaschote entkernen, waschen und fein würfeln.
2. Paprika, Hüttenkäse, Olivenöl und Milch in einen Mixer geben und gut durchmixen.
3. Mit Paprikapulver abschmecken.

Protein Shake mit Beeren

Zubereitung für: 1 Person | **Zubereitungszeit:** ca. 10 Minuten

Nährwerte p.P: 371 kcal | **Fett:** 13g | **Protein:** 17g | **Kohlenhydrate:** 39g

Zutaten:

- 100 g Heidelbeeren
- 100 g Brombeeren
- 2 EL Kakao
- 1 TL Zimtpulver
- 200 ml Milch
- 2 EL Mandelmus
- Agavensirup

Zubereitung:

1. Beeren putzen und waschen.
2. Beeren, Milch, Kakao, Zimt, Mandelmus und Milch in den Mixer geben und gründlich vermischen, bis eine gleichförmige Flüssigkeit entsteht.
3. Nach Belieben mit Agavensirup süßen.

Protein Shake mit Himbeere und Kokos

Zubereitung für: 1 Person | **Zubereitungszeit:** ca. 10 Minuten

Nährwerte p.P: 264 kcal | **Fett:** 11g | **Protein:** 26g | **Kohlenhydrate:** 15g

Zutaten:

- 200 ml Milch
- 75 g Quark
- 75 g Hüttenkäse
- 100 g Himbeeren
- 1 TL Chia-Samen
- 1 EL Kokosraspel

Zubereitung:

1. Himbeeren putzen und waschen.
2. Zutaten in den Mixer geben und pürieren bis eine cremige, homogene Flüssigkeit entsteht.

Bananen Shake mit Kakao

Zubereitung für: 1 Person | **Zubereitungszeit:** ca. 10 Minuten

Nährwerte p.P: 277 kcal | **Fett:** 1g | **Protein:** 20g | **Kohlenhydrate:** 48g

Zutaten:

- 200 ml Milch
- 100 g Quark
- 1 Banane
- 2 EL ungesüßtes Kakaopulver
- 1 TL Agavensirup

Zubereitung:

1. Banane schälen und in Scheiben schneiden.
2. Bananenscheiben mit den anderen Zutaten in einen Mixer geben und zu einem cremigen Shake verarbeiten.

Herber Gurken Shake

Zubereitung für: 1 Person | **Zubereitungszeit:** ca. 10 Minuten

Nährwerte p.P: 266 kcal | **Fett:** 9g | **Protein:** 19g | **Kohlenhydrate:** 25g

Zutaten:

- 150 ml Milch
- 75 g Joghurt
- 75 g Hüttenkäse
- ½ Gurke
- 1 TL Dill
- 2 EL Kleie
- Salz und Pfeffer

Zubereitung:

1. Dill putzen, waschen und fein hacken.
2. Gurke waschen, aber nicht schälen. In Scheiben schneiden.
3. Gurke mit den anderen Zutaten in einen Mixer geben und zu einem Shake verarbeiten.
4. Möglichst gleich verzehren, damit sich die Kleine nicht absetzt.

Bananen Mandel Shake

Zubereitung für: 1 Person | **Zubereitungszeit:** ca. 10 Minuten

Nährwerte p.P: 488 kcal | **Fett:** 19g | **Protein:** 37g | **Kohlenhydrate:** 44g

Zutaten:

- 200 Gramm Skyr
- 2 EL Mandeln
- 1 Banane
- 1 TL Leinöl
- 200 ml Milch

Zubereitung:

1. Mandeln über Nacht einweichen.
2. Banane schälen und in Scheiben schneiden.
3. Banane und eingeweichte Mandeln zusammen mit den anderen Zutaten in einem Hochleistungsmixer zu einer homogenen Flüssigkeit verarbeiten.

Leckerer Mango Mandel Shake

Zubereitung für: 1 Person | **Zubereitungszeit:** ca. 10 Minuten

Nährwerte p.P: 211 kcal **|** **Fett:** 10g | **Protein:** 6g | **Kohlenhydrate:** 25g

Zutaten:

- 150 g Mango Fruchtfleisch
- 3 getrocknete Feigen
- 150 ml Mandelmilch
- 2 EL Erdmandelflocken
- 2 EL Zitronensaft

Zubereitung:

1. Mango Fruchtfleisch und Feigen in Würfel schneiden.
2. Alle Zutaten im Mixer zu einem cremigen Shake verarbeiten.

Anmerkung: Die Mandelmilch kann auch durch Haselnussmilch ersetzt werden.

Herzhafter Erdnuss Kiwi Sellerie Shake

Zubereitung für: 1 Person | **Zubereitungszeit:** ca. 10 Minuten

Nährwerte p.P: 199 kcal | **Fett:** 11g | **Protein:** 7g | **Kohlenhydrate:** 20g

Zutaten:

- 2 Stangen Sellerie
- 1 Kiwi
- 1 reife, ungeschälte Birne
- 100 ml Fruchtsaft (beispielsweise Maracuja)
- 2 EL Erdnüsse
- grüner Tabasco zum Abschmecken

Zubereitung:

1. Sellerie Stangen putzen, waschen und kleinschneiden. Kiwi schälen und würfeln, Kerngehäuse der ungeschälten Birne entfernen und würfeln.
2. Alle Zutaten im Mixer pürieren und mit dem grünen Tabasco pikant abschmecken.

Protein Shake mit Früchten und Gemüse

Zubereitung für: 1 Person | **Zubereitungszeit:** ca. 10 Minuten

Nährwerte p.P: 287 kcal | **Fett:** 6g | **Protein:** 20g | **Kohlenhydrate:** 33g

Zutaten:

- 60 g Grünkohl
- 80 g frische Heidelbeeren
- 80 g frische Himbeeren
- 1 Banane
- ½ Orange
- 2 entsteinte Datteln
- 350 ml Mandelmilch
- 1 EL Chiasamen
- ½ TL Vanillemark
- 20 g Reisproteinpulver
- 20 g Petersilie
- 10 g frischer Koriander
- 2 Stängel Minze

Zubereitung:

1. Grünkohl waschen und in feine Streifen schneiden. Heidelbeeren und Himbeeren waschen. Banane schälen und in Scheiben schneiden. Orange schälen und in Scheiben schneiden. Datteln zerkleinern, Petersilie, Koriander und Minze putzen, waschen und hacken.
2. Alle Zutaten in den Mixer füllen und mit der Mandelmilch auffüllen. Pürieren bis die gewünschte Konsistenz erreicht ist.

Protein Shake mit Maca und Banane

Zubereitung für: 1 Person | **Zubereitungszeit:** ca. 10 Minuten

Nährwerte p.P: 293 kcal | **Fett:** 14g | **Protein:** 5g | **Kohlenhydrate:** 38g

Zutaten:

- 1 Banane
- 2 EL Cashewnüsse
- 200 ml Mandelmilch
- 1 EL Kokosöl
- 1 TL Macca-Pulver
- 1 EL Honig
- 1 EL Kokosmehl

Zubereitung:

1. Banane schälen und in Scheiben schneiden.
2. Alle Zutaten im Mixer pürieren.

Avocado Protein Shake

Zubereitung für: 1 Person | **Zubereitungszeit:** ca. 20 Minuten

Nährwerte p.P: 342 kcal | **Fett:** 22g | **Protein:** 30g | **Kohlenhydrate:** 15g

Zutaten:

- 150 g Kürbis
- ½ Avocado
- 1 Handvoll Blattspinat
- 300 ml Wasser
- 1 TL Weizengras-Pulver
- 1 EL Kokosöl
- 1 TL Matcha-Pulver
- 1 TL Maca-Pulver
- 30 g Hanfprotein
- 1 EL Honig

Zubereitung:

1. Kürbis bissfest kochen und abgießen, in Würfel schneiden. Avocado schälen, entkernen und in Stücke schneiden. Blattspinat putzen und waschen.
2. Alle Zutaten im Mixer bei hoher Geschwindigkeit vermischen.

Ananas Shake mit Banane

Zubereitung für: 1 Person | **Zubereitungszeit:** ca. 10 Minuten

Nährwerte p.P: 418 kcal | **Fett:** 11g | **Protein:** 33g | **Kohlenhydrate:** 47g

Zutaten:

- 2 Scheiben Ananas
- 2 EL Chia-Samen
- 250 ml Milch
- 4 EL Naturjogurt
- 1 Banane
- 1 TL Zimt
- 25 g Molkenproteinpulver

Zubereitung:

1. Banane schälen und in Scheiben schneiden. Ananas Scheiben klein schneiden.
2. Alle Zutaten im Mixer pürieren, bis die richtige Konsistenz entsteht.

Schokoladen Shake

Zubereitung für: 1 Person | **Zubereitungszeit:** ca. 10 Minuten

Nährwerte p.P: 272 kcal | **Fett:** 7g | **Protein:** 11g | **Kohlenhydrate:** 43g

Zutaten:

- 100 ml Schokoladenmilch
- 100 g Vanillejoghurt
- ½ Banane
- 100 g Heidelbeeren
- 30 g Molkenproteinpulver (Schokoladengeschmack)
- 2 TL gemahlene Leinsamen
- 3 Eiswürfel

Zubereitung:

1. Banane schälen und in Scheiben schneiden, Heidelbeeren waschen.
2. Alle Zutaten in den Mixer geben und auf höchster Stufe gründlich vermischen.

Erdnuss Shake

Zubereitung für: 1 Person | **Zubereitungszeit:** ca. 10 Minuten

Nährwerte p.P: 522 kcal | **Fett:** 17g | **Protein:** 15g | **Kohlenhydrate:** 82g

Zutaten:

- 2 Banane
- 6 Datteln
- 250ml Schoko-Haferdrink
- 5 EL Haferflocken
- 1 Prise Zimt
- 1 EL Erdnussbutter
- 2 EL ungesalzene Erdnüsse

Zubereitung:

1. Bananen schälen und in Scheiben schneiden. Datteln würfeln.
2. Alle Zutaten im Hochleistungsmixer zu einem cremigen Shake verarbeiten.

Reismilch Shake

Zubereitung für: 1 Person | **Zubereitungszeit:** ca. 10 Minuten

Nährwerte p.P: 347 kcal | **Fett:** 10g | **Protein:** 20g | **Kohlenhydrate:** 42g

Zutaten:

- 1 EL Leinsamen
- 1 Orange
- 1 Apfel
- 250 ml Wasser
- 250 ml Reismilch
- 30 g Molkenproteinpulver

Zubereitung:

1. Orange schälen und zerkleinern. Apfel schälen und Kerngehäuse entfernen, würfeln.
2. Obst mit den anderen Zutaten in einen Mixer geben und gründlich vermischen, bis eine cremige Flüssigkeit entsteht.

Walnuss Shake mit Haferflocken

Zubereitung für: 1 Person | **Zubereitungszeit:** ca. 10 Minuten

Nährwerte p.P: 324 kcal | **Fett:** 11g | **Protein:** 26g | **Kohlenhydrate:** 31g

Zutaten:

- 200 ml Schokoladenmilch
- 2 EL Vanillejoghurt
- 25g Molkenproteinpulver (Schokogeschmack)
- 1 EL gemahlene Walnüsse
- ½ Banane
- 1 EL Haferflocken
- 3 Eiswürfel

Zubereitung:

1. Banane schälen und in Scheiben schneiden.
2. Alle Zutaten in einen Mixer füllen und auf höchster Stufe gründlich durchmischen.

Erdbeer- Shake mit Gries

Zubereitung für: 1 Person | **Zubereitungszeit:** ca. 15 Minuten

Nährwerte p.P: 246 kcal | **Fett:** 4g | **Protein:** 17g | **Kohlenhydrate:** 37g

Zutaten:

- 125 g Erdbeeren
- 1 Banane
- 100 g Naturjoghurt
- 2 EL Grieß
- 75 g Hüttenkäse
- 250 ml Milch

Zubereitung:

1. Erdbeeren putzen und waschen, halbieren. Banane schälen und in Scheiben schneiden.
2. Erdbeeren und Bananen mit den anderen Zutaten in einen Mixer geben und auf höchster Stufe zu einem cremigen Shake vermixen.

Protein Shake mit Espresso und Kakao

Zubereitung für: 1 Person | **Zubereitungszeit:** ca. 10 Minuten

Nährwerte p.P: 115 kcal **|** **Fett:** 5g **|** **Protein:** 11g | **Kohlenhydrate:** 4g

Zutaten:

- 1 Tasse Espresso Kaffee
- 75 g Hüttenkäse
- 2 EL Naturjogurt
- 1 TL Zimt
- 1 TL Kakaopulver
- 200 ml Milch
- 5 Eiswürfel

Zubereitung:

1. Espresso aufbrühen und abkühlen lassen.
2. Alle Zutaten im Mixer so lange vermischen, bis die gewünschte Konsistenz entsteht.

Buttermilch Shake

Zubereitung für: 1 Person | **Zubereitungszeit:** ca. 10 Minuten

Nährwerte p.P: 205 kcal | **Fett:** 6g | **Protein:** 11g **|** **Kohlenhydrate:** 23g

Zutaten:

- 200 ml Buttermilch
- 100 ml Wasser
- 150 g Himbeeren
- 1 TL Honig
- 1 EL Leinsamen
- 75 g Hüttenkäse

Zubereitung:

1. Himbeeren waschen und putzen.
2. Zutaten in den Mixer geben und auf höchster Stufe vermischen.

Desserts

Quarkspeise mit Beeren

Zubereitung für: 1 Person | **Zubereitungszeit:** ca. 20 Minuten

Nährwerte p.P: 258 kcal | **Fett:** 0g | **Protein:** 30g | **Kohlenhydrate:** 42g

Zutaten:

- 150 Gramm Magerquark
- 100 Gramm Skyr
- 2 TL Xylit
- 4 Erdbeeren
- 20 Gramm Blaubeeren
- 20 g schwarze Johannisbeeren
- 6 Minz Blättchen

Zubereitung:

1. Magerquark und Skyr in eine Schüssel geben und glattrühren, Xylit unterheben.
2. In zwei Portionsgläser füllen.
3. Erdbeeren, Blaubeeren und schwarze Johannisbeeren putzen, waschen und in Stücke schneiden.
4. Beeren über die Quarkmischung geben und mit den Minz Blättchen garnieren.

Proteinreicher Käsekuchen ohne Zucker

Zubereitung für: 4 Personen | **Zubereitungszeit:** ca. 1H

Nährwerte p.P: 276 kcal | **Fett:** 3g | **Protein:** 37g | **Kohlenhydrate:** 20g

Zutaten:

- 1 kg Magerquark
- 200 g Frischkäse
- 65 g Xylit
- 4 Eier
- 2 EL Mehl
- Saft einer Zitrone
- 1 Päckchen Vanillezucker
- 300 g Heidelbeeren
- 1 TL Kokosöl

Zubereitung:

1. Eier verquirlen und mit Magerquark, Frischkäse, Xylit, Zitronensaft und Vanillezucker mischen.
2. Mehl hinzugeben und schnell glattrühren. Etwa 15 Minuten ruhen lassen.
3. Backofen auf 200C vorheizen. Springform mit Kokosöl ausfetten.
4. Quakmasse in die Springform geben und glattstreichen. Mit Heidelbeeren belegen.
5. Im Backofen für etwa 15 Minuten bei 200 C backen. Danach wird die Temperatur auf 120 C reduziert und der Kuchen verbleibt für weitere 30 Minuten im Ofen.
6. Gut auskühlen lassen und dann vorsichtig aus der Form nehmen.

Mohn-Quarkknödel mit Beerengrütze

Zubereitung für: 4 Person | **Zubereitungszeit:** ca. 1H

Nährwerte p.P: 327 kcal | **Fett:** 16g | **Protein:** 8g | **Kohlenhydrate:** 47g

Zutaten:

- 80 g Butter
- 100 g Magerquark
- 2 EL Xylit
- 1 Päckchen Vanillezucker
- 1 Prise Salz
- 100 g Mehl
- 200 ml Kirschsaft
- 1 TL Speisestärke
- 150 g Himbeeren
- 4 EL Mohn

Zubereitung:

1. 80 g Butter zum Schmelzen bringen und leicht abkühlen lassen. Mit dem Quark, 1 EL Xylit, Vanillezucker und einer Prise Salz verrühren. Stehen lassen.
2. Kirschsaft mit 1 EL Xylit aufkochen. Speisestärke mit ein wenig Wasser glattrühren und zu dem Kirschsaft geben. Für ein bis zwei Minuten kochen, bis sich der Saft andickt.
3. Himbeeren putzen und waschen und in den angedickten Saft geben und umrühren.
4. Wasser mit Salz in einem großen Topf zum Kochen bringen.
5. Mit den Händen aus der Quarkmasse etwa 18 Klöße formen. 25 g Mehl auf einen flachen Teller geben und die Klöße vorsichtig darin wälzen.
6. Knödel in das heiße Wasser geben, Hitze reduzieren und die Klöße darin etwa 5 Minuten ziehen lassen. Klöße mit einem Schaumlöffel entnehmen und abtropfen lassen.
7. In einer beschichteten Pfanne Mohn kurz rösten. Schließlich die Butter zugeben und schaumig werden lassen.
8. Knödel in der Mohn-Butter Mischung schwenken und auf Tellern anrichten. Mit der Beerengrütze toppen.

Low Carb Kaiserschmarrn

Zubereitung für: 2 Personen | **Zubereitungszeit:** ca. 35 Minuten

Nährwerte p.P: 483 kcal | **Fett:** 16g | **Protein:** 51g | **Kohlenhydrate:** 32g

Zutaten:

- 4 Eier
- 70 g Mandelmehl
- 200 ml Milch
- 80 g Vanille Proteinpulver
- 1 TL Zimt
- 1 EL Butter

Zubereitung:

1. Eier aufschlagen, Eiweiß und Eigelb trennen.
2. Eiweiß mit einem Schneebesen steif schlagen.
3. Eigelb, Milch, Proteinpulver, Zimt und Mehl zu einem glatten Teig verrühren. Eischnee unterheben.
4. Butter in einer großen Pfanne auslassen. Teig hineingeben und von einer Seite stocken lassen. Nachdem die Unterseite gebräunt ist, wird der Kaiserschmarrn mit zwei Gabeln auseinandergerissen und noch für 30 Sekunden weiter gebraten, bis er ringsherum gold-braun ist.

Nusskugeln

Zubereitung für: 1 Person | **Zubereitungszeit:** ca. 35 Minuten

Nährwerte p.P: 474 kcal | **Fett:** 34g | **Protein:** 20g | **Kohlenhydrate:** 21g

Zutaten:

- 4 EL Haselnussmus
- 1 EL Mandelmus
- 1 EL Kakao
- 2 EL Kokosmehl
- 4 EL gemahlene Haselnüsse
- 2 El Ahornsirup
- 1 EL Bourbon Vanille
- 2 El gehackte Haselnüsse

Zubereitung:

1. Alle Zutaten außer den gehackten Haselnüssen in eine Schüssel geben und gründlich vermischen. Sollte die Konsistenz zu klebrig sein, so kann noch etwas mehr Kokosmehl hinzugegeben werden.
2. Masse für etwa 1 Stunde im Kühlschrank ruhen lassen.
3. Mit einem Teelöffel kleine Portionen der Nussmasse entnehmen und zu Kugeln formen.
4. Fertige Kugeln in den gehackten Nüssen wälzen.
5. Kugeln im Kühlschrank aufbewahren.

Kürbistorte

Zubereitung für: 8 Personen | **Zubereitungszeit:** ca. 1H 30Min

Nährwerte p.P: 616 kcal | **Fett:** 43g | **Protein:** 31g | **Kohlenhydrate:** 31g

Zutaten:

- 120 g Datteln
- 150 g Mandeln
- 100 g Cashewkerne
- 100 g Walnüsse
- 20 g Kokosflocken
- 1 TL Backpulver
- 1 EL Kokosöl
- 1 Prise Salz
- 450 g Kürbis
- 220 g Kokosmilch
- 40 g Ahornsirup
- 3 Eier
- 2 TL Zimt
- ½ TL gemahlener Ingwer
- 1 EL gemahlene Muskatnuss
- 1 TL Vanillepulver
- 1 EL gemahlene Nelken
- 1 EL Kartoffelstärke

Zubereitung:

1. Backofen auf 190C vorheizen.
2. Kürbis halbieren und die Kerne entfernen. Mit der Schnittfläche nach unten auf ein Backblech legen und mit ein wenig Wasser beträufeln.
3. 50 bis 60 Minuten garen, bis das Kürbisfleisch weich ist.
4. Abkühlen lassen und das Kürbisfleisch mit einem Löffel aus der Schale lösen. Mit einem Pürierstab zu einem cremigen Püree verarbeiten.
5. Datteln entkernen und mit dem Pürierstab mit 2EL Wasser zu einem feinen Mus pürieren.

6. Mandeln, Cashewkerne und Walnüsse in der Küchenmaschine fein mahlen.
7. 100 g Dattelmus, Kokosflocken, Backpulver und eine Prise Salz zugeben und so lange vermischen, bis sich Krümel formen.
8. Eine Kuchenform mit Kokosöl ausfetten und die Masse darin gut verteilen und andrücken. Dabei einen Rand hochziehen.
9. Ofen auf 170C vorheizen und den Boden darin für 10 Minuten backen.
10. Aus dem Kürbispürree, den verbleibenden Datteln, den Eiern, der Kokosmilch, dem Ahornsirup, der Kartoffelstärke und den Gewürzen eine Creme herstellen.
11. Kürbiscreme auf dem Boden verteilen und 35 bis 40 Minuten backen, bis die Füllung relativ fest ist.
12. Gut auskühlen lassen und anschneiden.

Apfel - Quark Dessert

Zubereitung für: 2 Personen | **Zubereitungszeit:** ca. 25 Minuten

Nährwerte p.P: 329 kcal | **Fett:** 6g | **Protein:** 31g | **Kohlenhydrate:** 42g

Zutaten:

- 500 g Quark
- 4 Äpfel
- 2 TL Butter
- 4 EL Xylit
- 1 TL Zimt
- 2 EL Frischkäse

Zubereitung:

1. Äpfel schälen, entkernen und in etwa 1 cm große Stücke schneiden.
2. Butter in einer Pfanne auslassen und den Xylit zugeben. Unter Rühren leicht bräunen lassen und die Apfelstücken dazugeben und karamellisieren.
3. Zum Schluss Zimt hinzugeben und noch 1 bis 2 Minuten bräunen lassen.
4. Quark mit ein wenig Xylit glattrühren und in Portionsschälchen füllen.
5. Karamellisierte Apfelstücke auf dem Quark verteilen und mit ein wenig Frischkäse toppen.

Kokos Häppchen

Zubereitung für: 2 Personen | **Zubereitungszeit:** ca. 40 Minuten

Nährwerte p.P: 443 kcal | **Fett:** 27g | **Protein:** 30g | **Kohlenhydrate:** 25g

Zutaten:

- 100 ml Kokosmilch
- 40 g Xylit
- 40 g Whey mit Vanillegeschmack
- 125 g Kokosraspeln
- 1 Prise Salz
- 25 g zartbitter Kuvertüre

Zubereitung:

1. Whey, Xylit, Salz und Kokosmilch mit einem Schneebesen schnell verquirlen, so dass keine Klümpchen entstehen.
2. Kokosraspeln zugeben und einen Teig herstellen.
3. Teig mit den Händen fest in eine Pralinenform füllen und über Nacht im Kühlschrank ruhen lassen.
4. Am nächsten Tag sind die Kokos Häppchen dann fest genug, um aus der Form genommen zu werden und auch außerhalb des Kühlschranks zusammenzuhalten.
5. Kuvertüre im heißen Wasserbad schmelzen und die Häppchen mit der Schokolade verzieren.

Frischkäse Brownies

Zubereitung für: 2 Person | **Zubereitungszeit:** ca. 50 Minuten

Nährwerte p.P: 519 kcal | **Fett:** 33g | **Protein:** 21g | **Kohlenhydrate:** 51g

Zutaten:

- 3 Eier
- 50g Butter
- 80 Gramm Mandelmehl
- 4 EL Xylit
- 4 EL Kakao
- 3 EL Magermilch
- 100 ml Sahne
- 1 Packung Sahnesteif
- 150 Gramm Frischkäse
- Abrieb einer Bio-Zitrone
- 100 Gramm Xylit-Schokolade

Zubereitung:

1. Butter und Eier schaumig schlagen.
2. Mandelmehl, 3 EL Xylit, Kakao und Magermilch hinzugeben und zu einem glatten Teig verrühren.
3. Backofen auf 170C vorheizen.
4. Brownie Teig in eine viereckige Springform füllen und für etwa 30 Minuten backen.
5. Sahne mit Sahnesteif steif schlagen. Zitronenabrieb, Frischkäste und 3 EL Xylit unterheben. Auf den Brownies verteilen.
6. Xylit Schokolade im heißen Wasserbad schmelzen. Die Brownies nach Belieben mit der Schokolade verzieren.
7. Vorsichtig in Vierecke auseinanderschneiden und servieren.

Kürbiskuchen mit Füllung

Zubereitung für: 4 Person | **Zubereitungszeit:** ca. 1H

Nährwerte p.P: 547 kcal | **Fett:** 38g | **Protein:** 26g | **Kohlenhydrate:** 36g

Zutaten:

- 100 g Kürbis
- 3 Eier
- 120 g Xylit
- 150 g Mandelmehl
- 1 EL Backpulver
- 50 g gerieben Walnüsse
- ½ TL Zimt
- 1 EL Anispulver
- 1 EL Walnussöl
- 250 g Frischkäse
- 1 Ei
- ½ Bio-Zitrone
- 1 EL Vanillepulver

Zubereitung:

1. Aus dem rohen Kürbis ein Püree herstellen.
2. Kürbispüree, Eier, 100 g Xylit, Mandelmehl, Backpulver, geriebene Walnüsse, Zimt, Anispulver und Walnussöl mit dem Handmixer zu einem Teig verarbeiten.
3. Eine Kastenform von 25 x 12 cm mit Backpapier auslegen.
4. Frischkäse mit einem Ei, dem Saft und Abrieb der ½ Bio Zitrone und dem Vanillepulver verrühren.
5. Frischkäsemasse mit einem Löffel in der Mitte der Form auf der Kürbismasse verteilen.
6. Den Rest des Teigs auf die Form füllen.
7. Backofen auf 170C vorheizen. Kuchen für zirka 40 Minuten backen.
8. Auskühlen und aus der Form nehmen.

Apfelkuchen Low Carb

Zubereitung für: 4 Personen | **Zubereitungszeit:** ca. 1H 30 Min

Nährwerte p.P: 542 kcal | **Fett:** 34g | **Protein:** 23g | **Kohlenhydrate:** 44g

Zutaten:

- 5 Eier
- 100 g Xylit
- 200 g gemahlene Mandeln
- 200 g Äpfel
- 2 EL Kokosöl
- 1 TL Zimt
- 1 TL Zitronensaft
- ½ TL Backpulver
- 40 g Mandelsplitter

Zubereitung:

1. Äpfel waschen, schälen, Kerngehäuse entfernen und in sehr kleine Würfel schneiden.
2. Eier aufschlagen und trennen. Das Eiweiß sehr steif schlagen und 50 g Xylit unterheben.
3. Eigelb in eine Schüssel geben und mit den restlichen 50 g Xylit schaumig schlagen.
4. Gemahlene Mandeln unterrühren und schließlich den Eischnee mit einem Schneebesen vorsichtig unterheben.
5. Apfelstücken, Kokosöl, Zimt, Zitronensaft und Backpulver unterheben.
6. Backofen auf 170C vorheizen. Eine Kastenform mit Backpapier auslegen, den Boden mit der Hälfte der Mandelsplitter bestreuen und Kuchenteig einfüllen und mit den restlichen Mandelsplittern bestreuen.
7. Kuchen für 35 bis 40 Minuten backen.
8. Auskühlen lassen und anschneiden.

Vanille Pudding

Zubereitung für: 2 Personen | **Zubereitungszeit:** ca. 30 Minuten

Nährwerte p.P: 203 kcal | **Fett:** 11g | **Protein:** 12g | **Kohlenhydrate:** 13g

Zutaten

- 300 ml Mandelmilch
- 1 EL Xylit
- 30 g Vanillepuddingpulver
- 100 g Magerquark
- 1 EL Mandelmus
- 6 ganze Mandeln

Zubereitung:

1. Mandelmilch erhitzen und Xylit einrühren.
2. Mit einem Schneebesen das Vanillepuddingpulver einrühren und unter ständigem Rühren aufkochen lassen. Vom Herd nehmen und noch eine Minute weiter rühren.
3. Quark und Mandelmus unterrühren.
4. Pudding in zwei Dessert Gläser füllen und im Kühlschrank gut durchkühlen lassen.
5. Vor dem Servieren mit den ganzen Mandeln belegen.

Tofu Schoko Mousse

Zubereitung für: 2 Personen | **Zubereitungszeit:** ca. 45 Minuten

Nährwerte p.P: 565 kcal | **Fett:** 34g | **Protein:** 37g | **Kohlenhydrate:** 26g

Zutaten:

- 70 g Zartbitterschokolade
- 1 Orange
- 1 Vanilleschote
- 50 g Kokosblütenzucker
- 450 g Tofu
- 25 g Kakaopulver
- 2 EL abgekühlter Espresso
- 1 Eiweiß
- Etwas Salz

Zubereitung:

1. Schokolade grob hacken und in einer Schüssel in einem heißen Wasserbad schmelzen.
2. Orange gründlich waschen und die Schale mit einer Raspel abreiben.
3. Mark aus der Vanilleschote kratzen und mit Kokosblütenzucker vermischen.
4. Tofu mit Orangenschale, Espresso Kaffee und Vanillezucken mit dem Handmixer schaumig schlagen.
5. Schokolade zugeben und unterrühren.
6. Das Eiweiß mit eine Prise Salz steif schlagen.
7. Eischnee unter die Tofu Masse heben und in Portionsgläsern servieren.

Gebackener Milchreis

Zubereitung für: 2 Person | **Zubereitungszeit:** ca. 45 Minuten

Nährwerte p.P: 343 kcal | **Fett:** 9g | **Protein:** 11g | **Kohlenhydrate:** 57g

Zutaten:

- 100 g Pasta-Reis
- 20 g Butter
- 100 g Äpfel
- 2 EL Xylit
- 50 g Puddingpulver Vanille
- 400 ml Vollmilch
- ½ TL Zimt

Zubereitung:

1. Eine Auflaufform von etwa 23 x 15 cm einfetten.
2. Äpfel schälen, Kerngehäuse entfernen und in kleine Stücke schneiden.
3. Pasta Reis und Apfelstücke in die Auflaufform geben.
4. In einem Topf die Milch mit den Vanillepuddingpulver und dem Xylit erhitzen und dann in die Auflaufform geben. Butterflocken daraufsetzen.
5. Backofen auf 180C erhitzen. Auflaufform in den Ofen schieben und für etwa 20 Minuten backen. Danach einmal umrühren und mit weiteren Butterflocken besetzen und weitere 20 Minuten backen.
6. Aus dem Ofen nehmen und mit Zimt bestreuen.

Protein Fluff

Zubereitung für: 1 Person | **Zubereitungszeit:** ca. 20 Minuten

Nährwerte p.P: 253 kcal | **Fett:** 3g | **Protein:** 23g | **Kohlenhydrate:** 31g

Zutaten:

- 150 g gefrorene Erdbeeren
- 30 g Caseinpulver mit Erdbeergeschmack
- 100 ml Milch
- etwas flüssigen Süßstoff

Zubereitung:

1. Gefrorene Erdbeeren mit ein wenig Milch mit dem Pürierstab zu einem feinen Püree verarbeiten.
2. Fruchtpüree mit Caseinpulver, Milch und Süßstoff in eine Schüssel geben und mit dem Handmixer für etwa 10 Minuten schlagen. Je mehr Luft unter die Masse gehoben wird, desto cremiger wird die Mousse.
3. In Portionsgläser füllen und servieren.

Low Carb Schoko Eis

Zubereitung für: 1 Person | **Zubereitungszeit:** ca. 10 Minuten

Nährwerte p.P: 371 kcal | **Fett:** 13g | **Protein:** 17g | **Kohlenhydrate:** 39g

Zutaten:

- 450ml Schlagsahne
- 5 Eigelb
- 150g Xylit
- 2 EL Kakaopulver
- 1 Banane

Zubereitung:

1. Eigelb und Xylit in eine Schüssel geben und im Wasserbad schaumig rühren.
2. Sahne locker schlagen und die Eigelbmasse vorsichtig darunterziehen.
3. Kakaopulver unterheben.
4. Am besten kann das Eis in einer Eismaschine zubereitet werden. Man kann es aber auch in den Gefrierschrank stellen und hin und wieder durchrühren, um das Bilden von Eiskristallen zu vermeiden.
5. Zum Servieren Eis in Portionsgläser füllen.
6. Banane schälen und in Scheiben schneiden. Schoko Eis mit Bananenscheiben verzieren.

Bananen Muffins ohne Mehl

Zubereitung für: 3 Personen | **Zubereitungszeit:** ca. 50 Minuten

Nährwerte p.P: 552 kcal | **Fett:** 26g | **Protein:** 20g | **Kohlenhydrate:** 56g

Zutaten:

- 4 reife Bananen
- 1 Ei
- ½ Teelöffel Zimt
- 150 g griechischer Jogurt
- 2 EL Erdnussmus
- 50 g gemahlene Haselnüsse
- 1 TL Backpulver
- 2 TL Natron
- 1 Prise Salz
- 1 Handvoll Walnüsse
- 100 g Dinkelflocken
- 2 EL Honig

Zubereitung:

1. Bananen schälen. 2 ½ Bananen mit der Gabel zerdrücken und mit dem Ei und dem Zimt zu einem Brei verrühren. Schließlich das Jogurt and das Erdnussmus unterrühren, so dass ein glatter Brei entsteht.
2. In einer anderen Schüssel werden Natron, Backpulver und die gemahlenen Haselnüsse vermischt und dann unter den Bananenbrei gezogen.
3. Walnüsse hacken und mit Dinkelflocken mischen. Nach und nach unter den Bananenbrei heben.
4. Backofen auf 180C vorheizen. Eine Muffinform für 12 Muffins mit Papierförmchen auslegen.
5. Restliche Bananen würfeln und zusammen mit dem Honig unter den Brei ziehen.
6. Bananenbrei in die Förmchen verteilen und etwa 15 Minuten backen.

Protein Snickers

Zubereitung für: 3 Personen | **Zubereitungszeit:** ca. 40 Minuten

Nährwerte p.P: 369 kcal | **Fett:** 9g | **Protein:** 28g | **Kohlenhydrate:** 42g

Zutaten:

- 100 g Schoko Whey
- 30 g Kokosmehl
- 50 g gemahlene Mandeln
- 250 ml Mandelmilch
- 100 g Datteln
- 2 EL Honig
- 3 EL gehackte Erdnüsse
- 80 g Zartbitterschokolade

Zubereitung:

1. In einer Schüssel Whey Protein mit Kokosmehl, gemahlenen Mandeln und Mandelmilch vermischen.
2. Die Konsistenz des entstehenden Teigs muss fest genug sein, um sich formen zu lassen. Ist die Masse zu flüssig, so kann mehr Kokosmehl hinzugefügt werden.
3. Aus dem Teig werden 10 Riegel geformt und auf Backpapier gelegt.
4. Datteln kleinschneiden und Erdnüsse hacken. Zusammen mit dem Honig zu einer Masse verarbeiten. Die Mischung über die Riegel geben.
5. Riegel für 2 Stunden in den Kühlschrank geben.
6. Zartbitterschokolade im Wasserbad schmelzen.
7. Riegel mit Schokolade überziehen und nochmal kurz im Kühlschrank ruhen lassen, bis die Schokolade fest ist.

Orangeneis am Stiehl

Zubereitung für: 2 Personen | **Zubereitungszeit:** ca. 25 Minuten

Nährwerte p.P: 134 kcal | **Fett:** 0g | **Protein:** 2g | **Kohlenhydrate:** 36g

Zutaten:

- 400 ml Orangensaft ohne Zucker
- Saft einer Bio Zitrone
- 2 EL Xylit
- 1 Eiklar

Zubereitung:

1. Alle Zutaten in einen Mixbecher geben und mit dem Schneebesen gut durchrühren.
2. Mischung in Gläser füllen und in den Eisschrank geben.
3. Wenn das Eis leicht fest wird, einen Eisstiehl in jedes Glas stecken und weiter frieren.
4. Nach etwa 4 bis 5 Stunden ist das Eis komplett gefroren. Es lässt sich leicht aus dem Glas lösen, wenn man von außen ein wenig Wasser über das Glas laufen lässt.

Obstsalat mit Quark-Mohn Creme

Zubereitung für: 2 Personen | **Zubereitungszeit:** ca. 30 Minuten

Nährwerte p.P: 486 kcal | **Fett:** 9g | **Protein:** 17g | **Kohlenhydrate:** 85g

Zutaten:

- 100 ml Orangensaft
- 4 Blatt Gelatine
- 8 Clementinen
- 4 Datteln
- 1 Granatapfel
- 200 g Magerquark
- 150 g saure Sahne
- 100 g gemahlener Mohn
- 4 EL Honig
- 4 EL Rosenwasser
- ein wenig Zitronenmelisse

Zubereitung:

1. Galantine in Wasser einweichen, ausdrücken und in einer Schale in einem heißen Wasserbad auflösen.
2. Clementinen schälen, zerteilen und enthäuten. Datteln entkernen und in kleine Stücke schneiden.
3. Quark und saure Sahne verrühren, Mohn, 2 EL Honig und 2 EL Orangensaft zufügen.
4. Die aufgelöste Gelatine unter schnellem Rühren allmählich in die Quarkmasse einarbeiten.
5. Quarkmasse in Formen füllen und mindestens drei Stunden im Kühlschrank ruhen lassen.
6. Den restlichen Orangensaft mit Zimt, Honig und Rosenwasser vermischen und die Früchte darin einlegen. Den Granatapfel öffnen und die Kerne zugeben.
7. Formen mit der Quarkmasse aus dem Kühlschrank nehmen, kurz mit heißem Wasser übergießen und die Quarkmasse vorsichtig auf Teller stürzen.
8. Mit dem Fruchtsalat anrichten und mit Minzblättchen dekorieren.

Erdbeer Tiramisu

Zubereitung für: 2 Personen | **Zubereitungszeit:** ca. 30 Minuten

Nährwerte p.P: 347 kcal | **Fett:** 2g | **Protein:** 66g | **Kohlenhydrate:** 19g

Zutaten:

- 180 g Protein Puffs
- 400 g Erdbeeren
- 150 g Naturjoghurt
- 200 g Quark
- 2 Pack Bourbon-Vanille
- 3 Limetten
- 2 EL Orangensaft
- 1 EL Mineralwasser
- 40 g Xylit

Zubereitung:

1. Erdbeeren entstielen, waschen und klein schneiden, Limetten auspressen.
2. Proteinpuffs gründlich zerkleinern, bis sie vollkommen zerkrümelt sind.
3. Vier Dessert Schalen vorbereiten und die Hälfte der zerkleinerten Protein Puffs auf den Böden verteilen und gut andrücken.
4. 2 EL Limettensaft mit 2 EL Orangensaft und 1 EL Xylit verrühren. Je 1 bis 2 TL auf die Böden in jeder Dessert Schale träufeln.
5. Quark in eine Schüssel geben und mit 1 EL Mineralwasser schaumig schlagen. Nacheinander das Jogurt, das verbleibende Xylit und die Vanille einrühren.
6. Nun werden Erdbeeren und Quarkmasse abwechselnd auf die Böden in den Dessert Schalen geschichtet. Schließlich wird nochmals eine Lage der zerbröselten Protein Puffs eingefüllt und angedrückt.
7. Zum Schluss werden die restlichen Erdbeeren auf die vier Schalen verteilt und mit der restlichen Quarkmasse bedeckt. Die Schalen können mit Erdbeeren dekoriert werden und sollten mindestens 4 Stunden im Kühlschrank durchziehen.

Bonus: 30 Tage Challenge

70 Liegestützen in 30 Tagen

Tag 1 4 Sätze **4** (30 Sek. Pause) **3** **2** (30 Sek. Pause) **2** ☒	**Tag 2** 4 Sätze **4** (30 Sek. Pause) **4** **3** (30 Sek. Pause) **2** ☐	**Tag 3** 4 Sätze **5** (30 Sek. Pause) **4** **3** (30 Sek. Pause) **3** ☐
Tag 4 4 Sätze **5** (30 Sek. Pause) **5** **3** (30 Sek. Pause) **3** ☐	**Tag 5** 4 Sätze **5** (30 Sek. Pause) **5** **4** (30 Sek. Pause) **3** ☐	**Tag 6** 4 Sätze **6** (30 Sek. Pause) **6** **4** (30 Sek. Pause) **4** ☐
Tag 7 4 Sätze **7** (30 Sek. Pause) **6** **4** (30 Sek. Pause) **4** ☐	**Tag 8** 4 Sätze **7** (30 Sek. Pause) **7** **5** (30 Sek. Pause) **4** ☐	**Tag 9** 4 Sätze **8** (30 Sek. Pause) **7** **5** (30 Sek. Pause) **5** ☐
Tag 10 4 Sätze **8** (30 Sek. Pause) **8** **6** (30 Sek. Pause) **5** ☐	**Tag 11** 4 Sätze **9** (30 Sek. Pause) **8** **6** (30 Sek. Pause) **6** ☐	**Tag 12** 4 Sätze **9** (30 Sek. Pause) **9** **7** (30 Sek. Pause) **6** ☐
Tag 13 4 Sätze **10** (30 Sek. Pause) **9** **7** (30 Sek. Pause) **7** ☐	**Tag 14** 4 Sätze **10** (30 Sek. Pause) **10** **8** (30 Sek. Pause) **7** ☐	**Tag 15** 4 Sätze **11** (30 Sek. Pause) **10** **8** (30 Sek. Pause) **8** ☐

Tag 16 4 Sätze **11** (30 Sek. Pause) **11** **9** (30 Sek. Pause) **8** ☐	**Tag 17** 4 Sätze **12** (30 Sek. Pause) **11** **9** (30 Sek. Pause) **9** ☐	**Tag 18** 4 Sätze **12** (30 Sek. Pause) **12** **10** (30 Sek. Pause) **9** ☐
Tag 19 4 Sätze **13** (30 Sek. Pause) **12** **10** (30 Sek. Pause) **10** ☐	**Tag 20** 4 Sätze **13** (30 Sek. Pause) **13** **11** (30 Sek. Pause) **10** ☐	**Tag 21** 4 Sätze **14** (30 Sek. Pause) **13** **11** (30 Sek. Pause) **11** ☐
Tag 22 4 Sätze **14** (30 Sek. Pause) **14** **12** (30 Sek. Pause) **11** ☐	**Tag 23** 4 Sätze **15** (30 Sek. Pause) **14** **12** (30 Sek. Pause) **12** ☐	**Tag 24** 4 Sätze **15** (30 Sek. Pause) **15** **13** (30 Sek. Pause) **12** ☐
Tag 25 4 Sätze **16** (30 Sek. Pause) **15** **13** (30 Sek. Pause) **13** ☐	**Tag 26** 4 Sätze **16** (30 Sek. Pause) **16** **14** (30 Sek. Pause) **13** ☐	**Tag 27** 4 Sätze **17** (30 Sek. Pause) **16** **14** (30 Sek. Pause) **14** ☐
Tag 28 4 Sätze **17** (30 Sek. Pause) **17** **15** (30 Sek. Pause) **14** ☐	**Tag 29** 4 Sätze **18** (30 Sek. Pause) **17** **15** (30 Sek. Pause) **15** ☐	**Tag 30** 4 Sätze **19** (30 Sek. Pause) **18** **17** (30 Sek. Pause) **16** ☐

Fazit

Wer Muskeln aufbauen möchte, sollte seine Diät anpassen. Werden bei einer gut gestalteten Trainingsroutine dem Körper die richtigen Nährstoffe zugefügt, so kann man sehr schnell an Muskelmasse gewinnen und den eigenen Körper attraktiver werden lassen. Es lohnt sich daher, die Muskelaufbau Rezepte einmal selbst auszuprobieren. Natürlich sind sie als Anregungen gedacht, die man selbst nach Belieben abwandeln kann. Wichtig ist es stets, die wichtigen Makronährstoffe zu beachten und der Ernährung ausreichende Mengen von Protein und guten Kohlenhydraten zuzufügen.

Ein Kalorienüberschuss ist ebenfalls wichtig, um sicherzustellen, dass den Muskeln stets ausreichende Nährstoffe zur Verfügung stehen. Es gilt auch, darauf zu achten, nach dem Training Nahrung aufgenommen wird. Dazu kann auch ein Protein Shake angemessen sein. So können die Protein Speicher aufgefüllt werden, die sich während des Trainings entleert haben. Die meisten Muskeln werden während der Ruhephase aufgebaut, so dass eine gute, proteinreiche Ernährung auch an Ruhetagen von großer Wichtigkeit ist. Eiweiß Shakes können ausgezeichnet selbst zubereitet werden. In der Rezeptsammlung findest du dazu einige Anregungen.

So kann man besser kontrollieren, welche Nährstoffe in den Shakes enthalten sind. Auch kannst du sie von süß bis pikant genau nach deinem eigenen Geschmack gestalten. Die frisch zubereiteten Shakes schmecken natürlich besser als solche, die aus Pulver zubereitet werden und sind auch preisgünstiger. Ernährt man sich ausgewogen, wie man es in diesen Rezepten lernen kann, so sind auch für Sportler beim Muskelaufbau keine Nahrungsergänzungsmittel nötig. Mit der Ernährung kann man sich mit den nötigen Nährstoffen auf natürliche Weise versorgen.

Ebenso, wie es Nahrungsmittel gibt, die für den Muskelaufbau zuträglich sind, gibt es auch andere, die man während dieser Phase nach Möglichkeit vermeiden sollte. Dazu gehören besonders Einfachzucker, die einen hohen Kaloriengehalt beitragen, ohne dabei jedoch positiv auf den Muskelaufbau zu wirken. Sie können schnell in Fettzellen verwandelt werden, die die schöne, muskulöse Figur beeinträchtigen können. Besonders gesüßte Erfrischungsgetränke stellen eine Gefahr dar. Bei den Getränken sollte man daher Wasser oder ungesüßten Tee bevorzugen, oder selbst Saft aus frischen Früchten ohne den Zusatz von Zucker herstellen.

Schluss

Die vorangegangenen Rezepte stellen unter Beweis, dass die gesunde Küche für den Muskelaufbau keineswegs langweilig und fad sein muss. Viele hochwertige Kohlenhydrate und Proteine lassen sich zu schmackhaften Mahlzeiten zusammenstellen, die dem Körper genau die richtigen Nährstoffe zufügen, um den Muskelaufbau zu begünstigen. Es gibt Rezepte für die drei Hauptmalzeiten Frühstück, Mittagessen und Abendessen, aber auch für selbstgemachte Shakes, die man zwischendurch genießen und so die Protein- und Kalorienzufuhr noch weiter erhöhen kann.

Die Rezepte zielen darauf ab, die besten Protein- und Kohlenhydratquellen zu vereinen, so dass die Ernährung ausgewogen ist und nicht nur zum Muskelaufbau, sondern auch zum Erhalt der Gesundheit dient. In vielen Rezepten werden Eier verwendet. Dieses Nahrungsmittel sollte in der täglichen Ernährung unbedingt seinen Platz finden. Eier sind nämlich ein wahres Kraftpaket, wenn es darum geht, Muskeln aufzubauen. Auf 100 Gramm Gesamtgewicht weisen sie einen Eiweißanteil von 12,8 Gramm auf.

Darüber hinaus verfügt dieses Eiweiß über eine besonders hohe biologische Wertigkeit, so dass es vom Körper komplett zum Muskelaufbau verwendet werden kann. Lange wurde geraten, den Konsum von Eiern zu beschränken, da sie den Cholesterinspiegel steigern können. Doch enthalten Eier hauptsächliche gesunde Fettsäuren, die das gute Cholesterin steigen und das schlechte sogar vermindern können.

Wer den Fettgehalt bei einem hohen Konsum von Eiern in Grenzen halten möchte, kann das Eiklar benutzen und das fettreiche Eigelb entsorgen, wie es in manchen der Rezepten gezeigt wird. In jedem Falle ist es beim Muskelaufbau ratsam, t glich wenigstens eine Mahlzeit mit Eiern zu konsumieren. Natürlich sind auch Fisch, Fleisch und Geflügel gute Proteinquellen und sind daher in den meisten Rezepten zu finden. Einige andere Rezepte verzichten hingegen vollkommen auf den Einsatz von Fleisch und machen sich die pflanzlichen Proteine zu nutzen. Experten empfehlen, pflanzliche und tierische Proteine zum Muskelaufbau zu kombinieren. Dennoch ist es auch für Vegetarier möglich, den Muskelaufbau durch eine gezielte Ernährung zu begünstigen.

2. Auflage

Vertreten durch: Dominik Karem

Kontakt Muhammed Ali Gürbüz/Fabrikstr. 4/ 79787 Lauchringen

Covergestaltung: Fiverr.com

Coverfoto: Depositphotos.com

Printed in Germany
by Amazon Distribution
GmbH, Leipzig

19264854R00093